銀座が先生

GINZA GA SENSEI

岩田理栄子

芸術新聞社

目次 contents

伝統の中の知恵者たち

ハレの日本人になる

episode

人生観が変わる、
あなただけの「宝もの」を見つけに。

「銀座」というと皆様はどんなイメージを浮かべられるでしょうか。

世界中の一流品が集まり、商品を引き立たせる贅を尽くしたディスプレイがあり、それに相応しいおもてなしがあり……、でも、敷居が高そう、値段も高そう、自分には不釣り合い……とお思いではないでしょうか。

それは誤った先入観です。

この本には18名の、銀座で激動の長い歴史をくぐり抜け生き残ってきた老舗店主や、新しい時代にみずみずしい息吹で登場している新興店主が登場します。いずれも個性的でありながら商品への情熱、商いの知恵、そして、何よりお客様と銀座への愛情があふれている方々です。

この店主たちの話を聞いてみてください。

どのお店でも「いちげんさん」のあなたを暖かく迎え、あなたが本当に求めているものを見出すまで、優しく丁寧に導いてくれます。そしてその「おもてなし」に人生観、生活感が変わるような発見、感動をされることでしょう。

あなたと同じ目線で店主たちと会話をするのは、「つや次郎」という青年です。江戸時代に作家としても大ヒットメーカーで銀座の商人でもあった山東京伝(さんとうきょうでん)が創りだした魅力あふれる主人公。シャイで自信はないのですが、好奇心だけは旺盛なつや次郎が、いろいろな質問を店主にぶつけながら少しずつ銀座への理解を深めていきます。

岩田理栄子

What's GINZA?

案内役
つや次郎

あなたと銀座を旅し、名店主と話をするのが、江戸時代から時空を超えてやってきた「つや次郎」です。もともとは、江戸の町を笑いで席捲した山東京伝（1761〜1818年）の絵入り小説の主人公で、本名は仇気屋艶二郎（かたぎやえんじろう）。豪商の放蕩息子で、獅子鼻の不細工な顔の中にどこか憎めない可愛らしさのある“ゆるキャラ”です。とぼけてはいても好奇心旺盛なつや次郎が、名店主にさまざまな質問を投げながら、いつの間にかいっぱしの「銀座通」になっていく成長過程をご一緒にお楽しみ下さい。

SAYEGUSA-kaicho
ISEYOSHI
MIKAWAYA
SAYEGUSA-shacho
KYUBEI
KANAMEYA
TOSAI
HIRATSUKA
GOJUON
KOJU
WATANABE
MOKUHAN-
BIJUTSUGAHO
MATSUZAKI
SENBEI
ISEYOSHI
NONOHANA
TSUKASA
TAKAHASHI
YOFUKUTEN
KANETANAKA
TENSHODO
MOTOJI
KONPARUYU

\ Let's Go!! /

八丁目の粋

トレンドリーダー芸者衆が育んだ
美意識とおもてなし文化。

episode 1 ／ 芸者衆の街

もてなしのプロ 誕生

江戸時代に今の銀座5丁目〜8丁目あたりは、能楽4座のうち3座が拠点を持ち、江戸中期以降は、歌舞伎上演のメッカの一つとして賑わうことになります。芸能ブームが盛り上がれば、この界隈にはいつしか、長唄、常磐津（ときわづ）、舞踊などさまざまな芸事を教えるお師匠さんたちの稽古場が軒を連ねました。彼女たちはお武家さんや旦那衆に「もてなし」を通して芸を学ぶ楽しみを伝えました。その心得が重宝されて、お大尽（だいじん）や大名の宴席にもてなしのプロとして呼ばれるようになります。安政4年（1857年）、ついに常磐津の女性師匠・文字和佐（もじわさ）は幕府から「酌取御免（しゃくとりごめん）」の認可を取ります。もてなしがプロフェッショナルの仕事として公認されました。今日の新橋花柳界は、この年をもって芸者発祥と考えています。

金春芸者から新橋芸者へ

銀座にあるのになぜ新橋花柳界かというと、その昔、今の中央通り8丁目の西南端に「しんばし」という橋がかかっていて、名称はそれに由来するからです。もともと銀座8丁目は、金春能楽太夫が拝領していた能楽屋敷周辺の場所柄。金春通り、金春芸者の名を今も残している江戸なごりの名所です。幕末・明治を経て、新橋芸者と呼ばれ方は変わったものの、「芸の新橋」の伝統は今日に受け継がれています。踊り、唄、三味線という芸の高さはもちろんのこと、着こなし、髪結い、小物、履き物など美しい装いで客を魅了します。そうした芸（たしなみ）が立ち居振る舞いの美しさをいっそう引き立てます。

芸者の名前が入った神社札

銀座のファッションリーダー

横浜港から入った文物が都心に運ばれるその玄関口銀座8丁目で、彼女たちは時代の最先端を真っ先に目にし、身につけました。彼女たちの新しい和のファッションを支えた職人や商店が銀座をより華やかな街へと変貌させました。彼女たち時代のファッションリーダーがひいきにする店は、庶民の憧れの的にもなりました。

銀座を盛り上げた芸者衆の逸話があります。銀座7丁目に本社を構える資生堂は、最初は石鹸から始めた小さな企業でした。銀座発祥の会社ががんばっているからと、進取を心得とする芸者衆は口コミで商品を広めたといいます。資生堂パーラーのソーダファウンテンも彼女たちをとりこにしたことから流行したメニューです。お店を訪れる彼女たちの立ち居振る舞いや所作はみんなの注目を集めました。銀座流おもてなしの源流に新橋芸者のお手本があったとしても不思議ではありません。

chapter 1

蝶の舞い心地

銀座伊勢由

ginza-iseyoshi

わぁ、日本の文様が勢揃い。なんて美しいんだ！創業者が浴衣反物をせおって商売を始めたのが、今から145年前。銀座を代表する呉服屋だ。時代が西洋スタイルに変わる中でも東京スタイルの着物文化を発信し続けてきた。伊勢由といえば、蝶、色彩、浴衣。このキーワードが名店の秘密を教えてくれそうだ。

butterfly design

蝶というモチーフ

鳥のように意志的に翔ぶのではなく、ふわりふわりと花びらが舞うようにどこか風まかせ。蝶はなぜ伊勢由のシンボルになったの？「尾形光琳は自然物を文様にして華やかな世界を表現していましたし、能装束にも文様は多かった。代々、商人と言うよりは職人気質をもつ家系なので、いつも着物のデザインのことばかり考えていて、ある日ふっと蝶の姿が降ってきたんです（笑）。蝶を着物の文様にしてみたらいいだろうなって。理由はただそれだけですよ。この柄、ずっと好きでしたねぇ」と、にこやかに話してくれるのは、千谷俊夫ご店主だ。商品を問屋から仕入れて売るだけでなく、着物は伊勢由オリジナルに特に力を入れている。ご主人がアイディアを考えデザインし、図案師に描かせ、型を作り、染める。「花は動かないけど、蝶は動くでしょ。デザインが活き活きするんですね。そしてモダン、きっと蝶の模様は都会的な要素があるんでしょうね。銀座に似合います」 この洗練された蝶デザインで、時代のファッションリーダーたちをとりこにした。

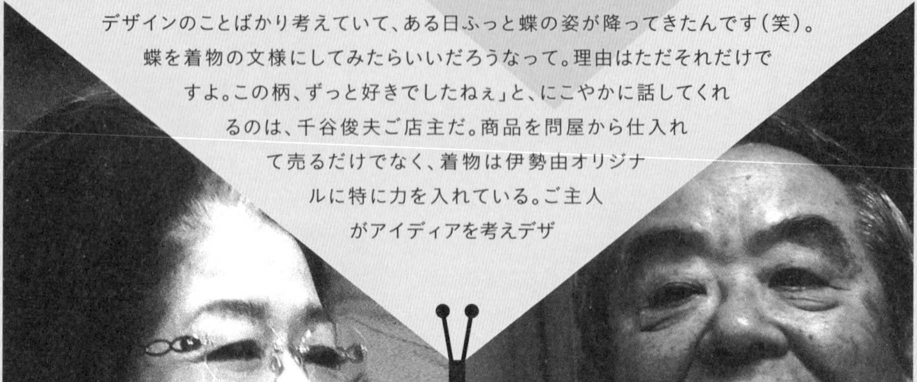

伊勢由ブランド

ご主人にとって、伊勢由ブランドって何ですか？「一口に伊勢由といいましても、時代時代で浮き沈みがあり、先代は40代という若さで亡くなったので、私の代で一から始めたところがあります。母親が戦争を経ても、銀座で店を守り続けてくれたことが大きかった。学生時代に父を継いで浴衣の反物を担いで売り歩いた時、“伊勢由さんの浴衣なら“と、暖簾を信じて買って下さるお客様がたくさんいらっしゃいました。私自身は、営業トークもなければいろいろな能力がまだまだの時にです」 この品質への信頼が、代々伝えられてきたブランド力だと、肝に銘じて感謝しているという。

旦那と女将の名コンビ

銀座にあって、ご主人と女将の二人三脚の着物商いぶりは有名だ。光世さんとご主人はお見合い結婚だという。普通の家庭に育った光世さんに

とって、呉服店経営は苦労も多かったのではないだろうか。

「嫁いだ頃、花柳界は昭和30年代で全盛期。金春通りにはひっきりなしに人力車や芸者衆が往来していました。お茶屋さん（客を料理や酒でもてなす場所）に届け物をした時に、裏口のたたきが伊勢由の下駄であふれている光景を見てびっくりしました」 刺激と驚きの商い風景が目に浮かぶようだ。

「最近は銀座の老舗も旦那とは言わず、みなさん社長と言われるようになりました」とご主人。旦那文化が銀座から消える中、店の風格を保つ女将の役割は大きい。ふたりは今も昔も毎晩いっしょに晩酌というおしどり夫婦だ。

the
konparu color

金春通り
色彩のDNA

銀座伊勢由のある金春通りは、江戸幕府に金春能役者が屋敷拝領したことにちなむ地名だ。安永6年（1777）頃、江戸前島の最先端にあって、汐留川に面したこの銀座8丁目一帯には、茶屋や船宿が軒を連ねていた。

金春色

金春色と、伊勢由色と関係がありそうだな。「金春色は、いわゆるターコイズブルーのことで、明治期末から大正にかけて新橋花柳界で流行った色。当時パリで流行していた色が日本に渡ってきて、最先端の明るいブルーが新橋芸者衆を魅了したようです。その後伊勢由の透明感のある色が好まれたのも、時代とこの場所柄のお陰かもしれませんね」と女将の光世さん。

女性を美しく魅せる色

「明治11年（1868年）日本橋若松町での創業で、昭和8年に現在の銀座8丁目に店を構えました。初代から浴衣の本染めが美しいと評判でしたが、着物の洗練されたデザインと共に、明るい透明感のある色が伊勢由のシンボルとなってきました」本当に発色がキレイだなぁ。「女性が美しく見える色というのは、女性の肌の色に映える色ということ。濁った色は淋しく暗く見えますから」美意識の高い一般のお客様から歌舞伎役者や芸者まで、ファン層が幅広いのが伊勢由の特徴だ。

cool design
涼しさをデザイン　本染め浴衣

本染め

浴衣って、本染めとプリントと着心地が違うって本当？　「浴衣ですからやはり涼しくなくちゃいけません。伊勢由の浴衣は手染めの注染（ちゅうせん）という布目をふさがない日本の伝統技法なんですよ」

へぇ〜・・似てるようでも、着てみると違いが分かるというわけか。どれほど手間がかかっているか、光世女将が古来から伝わる柿渋型紙で説明してくれた。

伝統技法

「これが本染めをするための型紙。主人がデザイン(図案)を描き、図案師が墨で図案紙を作成します。型紙は和紙３枚を柿渋で張り合わせ、天日に干し燻製にして仕上げます。この褐色はそうやって手間をかけて生まれてきた色です。これを型師が切り抜くように彫っていきます。柄によっては、白地に紺、紺地に白と２枚作る事もあります」これを彫っていく、細かい技だね。

「白地の浴衣の時は柄を残し、地染まりの場合は柄を切り抜いていきます。それを漆で紗を貼り、ようやく型が出来上がります」　でもこれだけ手がかかっていると、僕たちには手の届かない値段になるのでは？「そうお思いでしょうけど、オリジナルデザインの浴衣を、その方の体型に合せお仕立てして、仕立て代が一万五千円、ぜんぶで四万円かかりません。お客様は"仕立てて、このお値段？"っておっしゃってくださいますよ」
出来上がった浴衣の紺、白が涼しげでなんと美しいこと！シンプルできりりとしている。なるほどこれが、着心地の涼しい、昔から文化人に愛されてきた伊勢由ブランドの浴衣というわけか。

文化人が愛好した伊勢由の浴衣

白州正子は随筆の中で「私の知る範囲では、銀座伊勢由は、ゆかたらしいゆかたを売っている店で、涼しい柄が手に入ります」(『きもの美』光文社・智恵の森文庫)と推薦。映画監督の小津安二郎は「伊勢由一浴衣買う」と昭和28年5月の日記に書いた。三島由起夫も愛好者のひとり。

cool and light

涼風をまとう　夏のお出かけ浴衣

お出かけには絹紅梅 (きぬこうばい)

夏に歌舞伎座に行きたい、レストランに行きたいというとき、どんな浴衣を選べばいいんだろう？「絹の浴衣である絹紅梅がいいですね。軽やかで肌触りはさらさら。しかも絹の高級感があり、涼しさを感じられる素材です」 シースルー感がなんとも涼しげだ。足袋をはき、襟をのぞかせればどこへでも出かけていける。夏に本当のおしゃれ着、粋だな〜。

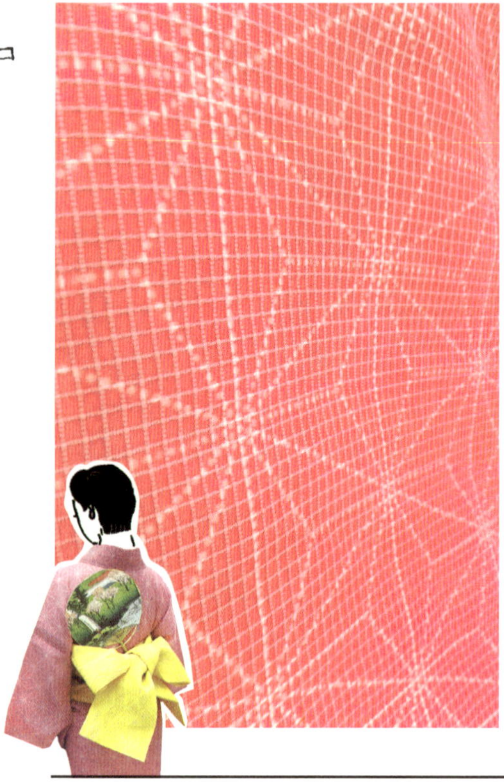

日本式産着

麻の葉柄(あさのはがら)は古来より日本に伝わる子どもが丈夫に育つよう願いを込めた文様なんだ。伊勢由の産着はデザインも生地も日本の優しさに満ちているから、喜んで貰えるよ。ロゴ入りたとう(和紙)の包装もうれしい(産着・ちゃんちゃんこセット10000円)。赤ちゃんの肌が喜ぶ、ガーゼの沐浴タオルなどと組み合わせることもできる。

ginza charming

小物で楽しいパッキング

伊勢由には海外からのお客様もいらっしゃる。日本古来の文化を今風にアレンジしている小物が人気だ。銀座流の小物は、例えば旅行パッキングにも大活躍。日本のお土産にも喜ばれる隠れた銘品を紹介する。

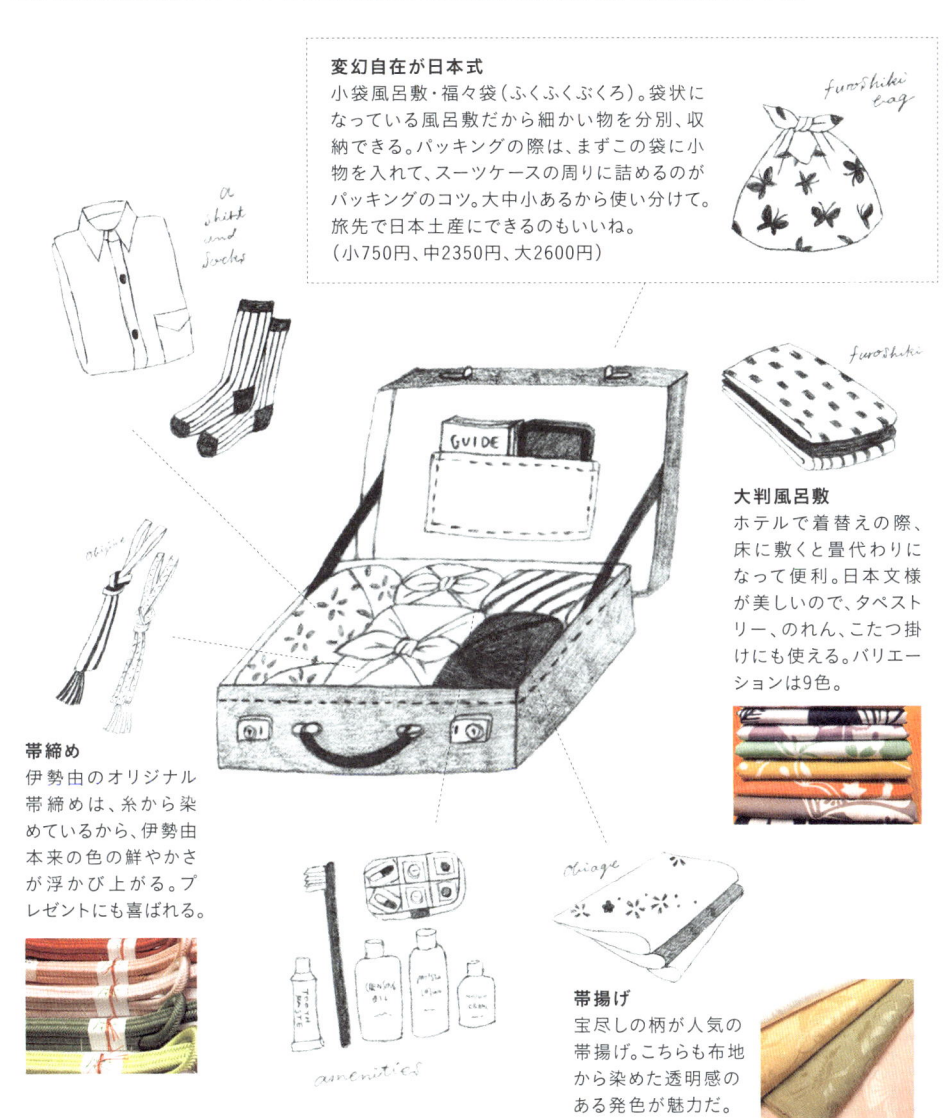

変幻自在が日本式

小袋風呂敷・福々袋（ふくふくぶくろ）。袋状になっている風呂敷だから細かい物を分別、収納できる。パッキングの際は、まずこの袋に小物を入れて、スーツケースの周りに詰めるのがパッキングのコツ。大中小あるから使い分けて。旅先で日本土産にできるのもいいね。
（小750円、中2350円、大2600円）

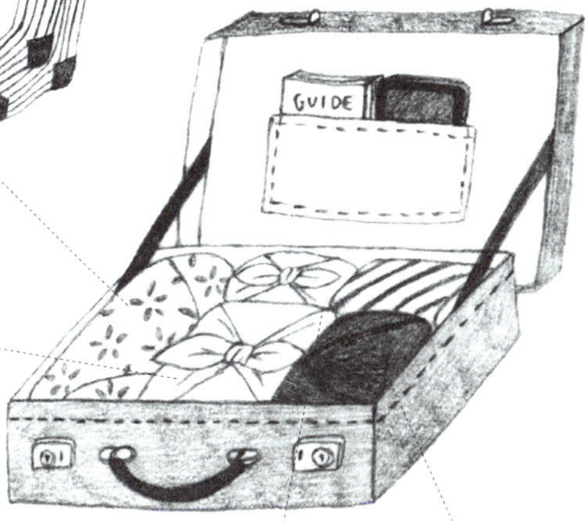

大判風呂敷

ホテルで着替えの際、床に敷くと畳代わりになって便利。日本文様が美しいので、タペストリー、のれん、こたつ掛けにも使える。バリエーションは9色。

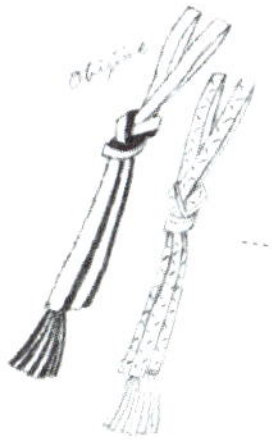

帯締め

伊勢由のオリジナル帯締めは、糸から染めているから、伊勢由本来の色の鮮やかさが浮かび上がる。プレゼントにも喜ばれる。

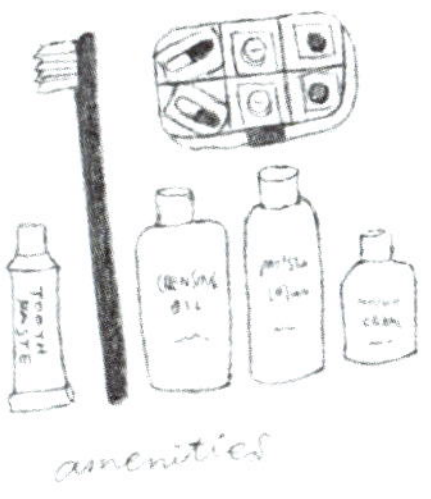

帯揚げ

宝尽しの柄が人気の帯揚げ。こちらも布地から染めた透明感のある発色が魅力だ。

【伊勢由】 住所：銀座8-8-19 電話：03-3571-5388 営業時間：11：00～18：00 定休日：日曜・祝日
アクセス：東京メトロ銀座駅徒歩4分 http://ginza-iseyoshi.co.jp

chapter 2

海からの贈り物

銀座かなめ屋

ginza-kanameya

ここはどこの深海だろう？
南回帰線近くの熱帯海域からポルトガル船に乗って届いたウミガメは、長崎から江戸に移され、腕のいい職人たちの手でジパングの宝に変わった。世にもめずらしい、神秘の輝きを放つその逸品を「べっ甲（鼈甲）」と呼んだ。新橋芸者衆とともにこの伝統工芸を広め守ってきた創業80年の老舗「かなめ屋」には、自然からの贈り物を大切に育てた銀座ならではの物語がある。

ecology

べっ甲は
エコロジー

べっ甲って、亀の甲羅なんだね。「年間を通して水温が25度を下回らない熱帯の珊瑚礁に生息しているウミガメの一種“タイマイ”のものです。正倉院・宝物殿に8世紀奈良時代のべっ甲の枕が収められていますが、べっ甲の加工技術は、中国がはじまりでポルトガルに伝わり、そして16世紀に日本に上陸したといわれています。徳川家康はオランダ人から献上されたべっ甲の眼鏡を愛用していたそうです。亀は長寿で、おめでたさの象徴ですから」　亀のオーラか、かなめ屋2代目、柴田耕一大旦那のお顔はつやつやしたべっ甲のようで、思わず見とれてしまう。

大自然の贈り物

高級品だったの?「江戸時代には一般大衆に広がりましたが、たいへんな貴重品。なかなか原材料が手に入りませんでしたからね。それが明治になって文明開化と共に、貿易が自由化されて原材料の供給が進み、べっ甲細工は江戸後期から昭和初期にかけて全盛期を迎えたんです」大自然の贈り物だから、数に限りがある?「そうなんです。タイマイ自体が近年ワシントン条約の“絶滅危惧種”に指定されて、1992年には全面輸入禁止になっています。それ以前に輸入した在庫を大切に扱わないといけません。櫛やかんざしのべっ甲製品は、薄い板状の甲羅を一枚ずつ貼り合わせていく高度な職人技術があってはじめて出来上がり、ひとつの製品が世界にただ一つの宝物ということになります。どうです、やさしいぬくもりと艶があるでしょう?」
銀座随一のべっ甲細工の品揃えを見ながら、老舗の物語を聞かせていただけるというのも楽しみだなぁ。

rediscover

素晴らしさを再発見

着物文化が縮小する中、かなめ屋が守っていきたいのは、べっ甲にかかわる職人たちの技術。タイマイには温めると自由に曲がる特性がある。それを加工する技術の高さ、繊細さは日本が世界一だという。近年になって、タイマイは養殖可能な生物資源であることも分かってきた。

現代の生活スタイルに合う日本工芸のあり方に挑戦することが、職人技を守ることになる。もし家に眠っている古いべっ甲などがあったら、手入れ法、修理など、どんな小さなことでもかなめ屋のべっ甲マイスターに尋ねてみるといい。遠い海からやってきたウミガメの素晴らしさを再発見できるかもしれない。

geisya's tortoiseshell

芸者のきれい格を上げる

うわ〜！奇麗な色の櫛。「格の高い芸者さんが身につけるにふさわしい品格がべっ甲にはあります。かなめ屋は、全国の芸者さんと共に発展させていただいた専門店です。特に銀座8丁目は、新橋芸者さんの街。店を見番（けんばん）通りに構えていることからも分かるように、とても芸者さんと縁が深い店なんです」見番って？「芸者が所属するプロダクションといえる置屋と料亭との間を取持つ組合事務所を"見番"と呼びます。芸事の稽古場になったり、花柳界の行事を取り仕切るという大切な役割を担っています」

新橋芸者のミューズ

大旦那は名妓の血筋だとか？「新橋芸者衆が、"芸の華"と呼ばれるようになったのは、名妓・篠原治（1879〜1970年）の存在が大きい。一中節（p.90参照）の人間国宝に指定されるほど芸熱心で、"芸者は教養こそ積まなければいけない"と新橋演舞場を作ったり、芸の発表の場（東をどり）を開催したりといわば新橋花柳界の立役者です。かなめ屋創業者の血縁にあたります」最初からべっ甲を？「かなめ屋創業者は、昔、髪飾りや帯留めなどの

コレクターで目利きでした。日本各地に出張しながらさまざまな逸品を収集し、またその一部を修理やリメイクをして販売もしていました。芸者の芸を引き立てるのは衣装、日本髪。かんざしや櫛は舞台衣装の総仕上げ。それで芸者の格が決まるので、最高級のべっ甲製品を取り扱うようになりました」 べっ甲、かんざしや櫛で、芸者文化を盛り上げたんだね。

斧琴菊《よきこときく》

遠く熱帯海域からやってきた、大自然の贈り物に感謝を忘れない大旦那。面白いネーミングのかんざしを見せてくれた(写真右)。「これは、"斧琴菊"という名のかんざし。"斧"は上方の方言で"よき"といい、"琴"と"万寿菊"を添えて名付けられた。良きことが耳に入りますようにという意味で、歌舞伎役者の名跡・三世尾上菊五郎(おのえきくごろう)が文政年間に世に広めたんだよ」 他にも、黒べっ甲や白色と黒色のべっ甲が入り交じって文様を作るばらふ櫛など、どれも美しいなぁ。

超絶の技

TRANSCENDENCE

タイマイは生き物だけに、その甲羅には一枚一枚に微妙な違いがあるという。それだけ重ね技術は奥が深く、べっ甲が本物か偽物かのきめてになる。

木型作り

べっ甲の材料の甲羅は薄い板状なので、必要な厚さになるまで一枚一枚貼り合わせていく。その際に芯となる檜で作った木型を作ることがある。

貼り合わせ

よい生地をつくるためのポイントは、それぞれの甲羅をしっかり密着させること。そのためには、表面を可能な限り滑らかにすることが大切だ。甲羅には厚い部分と薄い部分があるので、例えば生地を3枚使ったり、5枚使ったりしながら平らにしていく。表面にキズあるときには、ペーパーなどをかけて、きめ細やかな表面を作り上げていく。

万力打ち

べっ甲の不思議な特性は、水と熱を加え圧力をかけていくと素材が一体化すること。たっぷり水分を含ませた柳の板で貼り合わせた甲羅を挟んで万力で締め付けていくと、継目の分からない一枚の板(生地)になる。

鏝《こて》付け

板状になった生地しわを、卵白を塗った木型に、熱した鏝でゆっくりと押し付けて、伸ばす。

彫刻などアレンジ、磨き

生地が出来上がったら、図案を描き外形を糸鋸を使い切り抜き、彫刻刀で彫りを入れる。最後の磨きは、特に製品のよしあしを左右する作業。高級品の場合には、鹿の角粉と羅紗で磨き、さらに手でこすって艶を出す。

play it cool

さりげなく装う

今、女性たちの関心は着物、洋服どちらでも使い回しの出来るアクセサリーや小物に向かっている。たとえば、かんざしだけれどブローチにもなる髪飾り。ポップなカラーバリエーションが軽やかな玉かんざしは、長い髪をシュシュでまとめる時に便利だ。デスクのペン立てに挿してもさりげない日本的な可愛らしさが出ると好評だ。あるいは、べっ甲の製造過程で出る小片を活かして作られる、縁起物グッズや日常小物も日本ならではの文化を伝える嬉しい小物だ。新しくて楽しいべっ甲小物を生活に取り入れてみてはどうだろう。

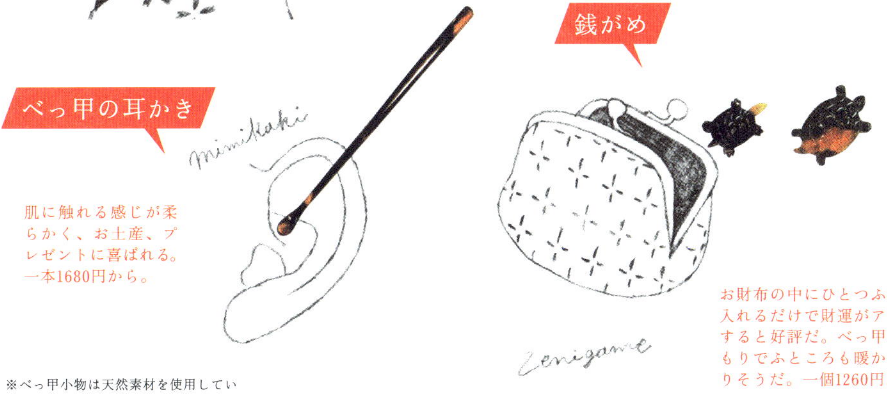

肌に触れる感じが柔らかく、お土産、プレゼントに喜ばれる。一本1680円から。

お財布の中にひとつふたつ入れるだけで財運がアップすると好評だ。べっ甲の温もりでふところも暖かくなりそうだ。一個1260円から。

※べっ甲小物は天然素材を使用しているので価格が変わることがあります。

かなめ屋STORY

屋号の由来は、末広がりとしてお目出度い扇子のかなめ(要)からきている。「心棒」は「辛抱」につながるという、初代からの商いの姿勢を暖簾として信奉している。初代は邦楽を好み、小唄、清元、一中節すべて名取りを取るほどの腕前。銀座鞍馬会(銀座に店を構える店主たちの文化集団)のメンバーであり、銀座を邦楽で盛り上げるための尽力を惜しまない人物だった。

【銀座かなめ屋】住所:銀座8-7-18　電話:03-3571-1715　営業時間:平日11:00〜21:30　土曜12:00〜19:00
定休日:日曜、祭日(12月休日営業あり)　アクセス:東京メトロ銀座駅徒歩5分　http://www.kanameya.co.jp

episode 2 ／ 金春流 路上能

能役者のメッカ銀座

徳川家康が江戸幕府開府後、秀吉の始めた保護策を継承して能楽を幕府の式楽としたのがことのはじまり。江戸に移された能楽四座（観世、金春、宝生、金剛）は屋敷を拝領し、将軍家や諸大名から手厚い保護を受けるようになる。各流派の拝領屋敷は銀座に集まり、観世太夫は現銀座2丁目ガス灯通り、金春太夫が現銀座8丁目、金剛太夫は現銀座7丁目周辺、に屋敷を構えたと伝えられている。(「国花万葉記」1963年)

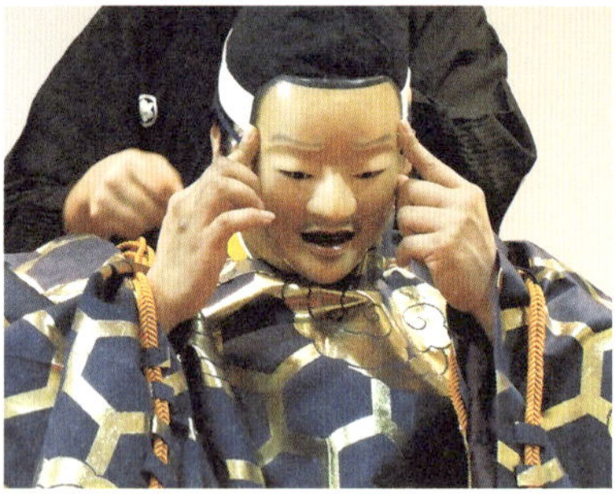

現代に甦る金春能

その中で、江戸時代からの伝統を現代に甦らせたのが金春流派である。金春宗家が自ら銀座の路上で舞う路上能「奈良金春」は、室町時代以来現在まで金春流が奈良・春日若宮の「おんまつり」に上演している作品で、平和祈願、泰平を喜び合うおめでたい楽曲。江戸伝統文化を銀座に残したい、という地元金春通りの店主のみなさんの情熱が結実して、1968年にその再演第一回を実現させた。毎年真夏の8月7日には、「はじめませ」という能奉行のかけ声と共に、謡や笛、鼓の音が銀座のビルの谷間から空高く響き渡る。一年で銀座がもっとも江戸風情にあふれる時である。

すみっこ

あっ、こんなところに！
裏通りで出合う小さな感動。

chapter 3

心をつつむ、心を届ける。

銀座平つか

ginza-hiratsuka

創業100年、老舗三代目、
平塚彦太郎ご主人が
満面の笑みで僕を出迎えてくれるんだ。
心の底から、満ち足りた気分に
させてくれるこのお店には、
日本の懐しさのすべてがつまってる。

銀座のすみっこに
鎮座まします、
ここは熨斗の老舗専門店、平つか。
暖簾をくぐって、
小さな引き戸をがらがらと開けると、

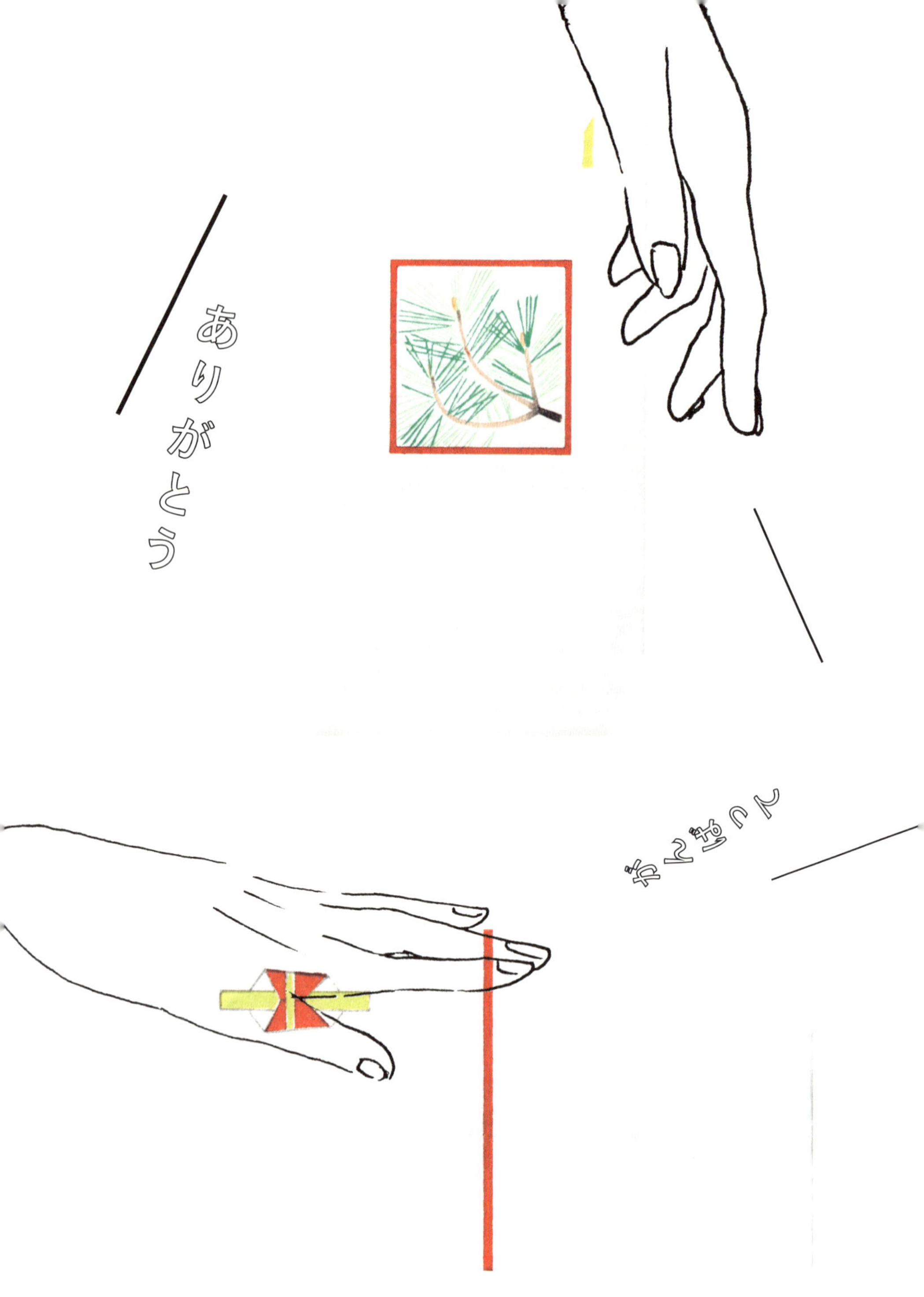
ありがとう
がんばって

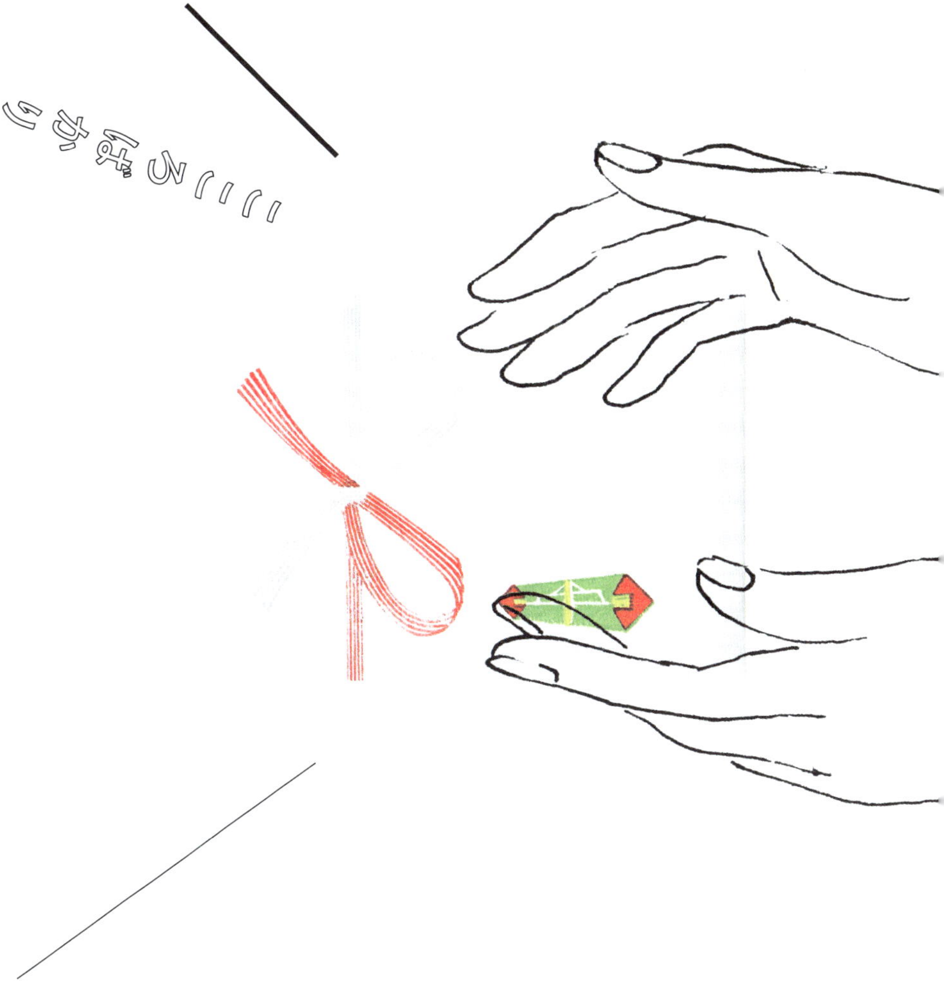

お金の神様を運ぶ

そもそも“のし”ってなあに？ 「そうか、海外の方や若者には意味が分からないね。日本では、結婚式、お正月のお年玉などお祝い事やお供えの時に、お金を和紙に包んで熨斗を添えて手渡す習慣があるんだよ。この飾りマークが熨斗で、袋状にした物を熨斗袋という。もともと熨斗袋には清めと神幸の意味がある。つまり、大切なお金を御神輿に乗せて手渡すことで、相手を敬っている気持ちを表すんだよ」

へぇ〜、のしって御神輿（おみこし）なのか。

「江戸時代、懐が豊かで遊びに長けた人たちは、下足番から料理人までご祝儀を手渡し、自分も気持ちよく遊ぼうとした。お金をただのチップとしてではなく、人と人とのつながり手形として渡したんでしょうね」かっこいいな、日本人！

feel happy

ひとつひとつに込める思い

カタバミの思い

可憐だね、これがカタバミ？「踏まれても起き上がる、そんなカタバミの強さをモチーフに、初代から受け継いできたデザインです。色目や形を少しずつ変えて、熨斗袋、祝儀袋の他に、チップなどを入れて手渡すためのポチ袋、箸袋など、品揃えが豊富ですから相手の方を思い浮かべて最良の品を選んでいただけます」
木版摺りのかすれがとてもいいな。折り目正しい貼り合わせも感動的。「のし」っていう仮名書きのマークも可愛い。渡したい相手の顔が浮かんでくるようだ。

職人の思い

厚みがあって、なんて手触りが温かいんだろう。「希少な四国の手漉き和紙を一枚一枚裁断し糊付けして貼り合わせ、木版で摺る。ひとつののし袋を完成させるまでに、7人もの職人が関わります。まずは和紙を漉く人、その和紙を専用包丁で切る人、図案を描く人、木版を彫る人（写真中央、版木）、バレンで摺る人。そして摺った和紙を用途に合わせて切る人、最後の仕上げで糊を貼る人です」

こだわりの思い

平つかの一筆箋は、すこぶる表面が滑らかで、字がすべるように書ける。銀座では、ちょっとしたお礼として贈っても喜ばれる箋の代表だ。

artizan's hands

手わざが光る江戸指物《さしもの》師

クギなどを一切使わず、棒と棒、板と板などを組み合わせる技は、日本の木工組み手文化の最高技術ともいわれる。平つかでは、巧みな技による硯箱や人形ケース、引き出し、木棚などを実際に手に取ってみることができる。

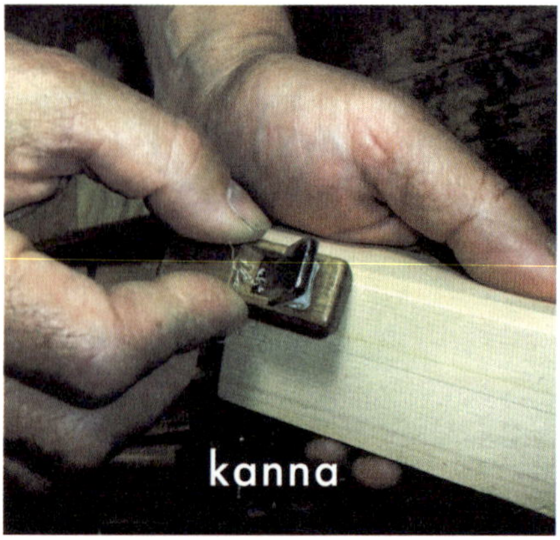

※右下写真を除き、江戸指物師・根本一徳氏の工房で撮影。

指物とは

江戸時代に発達した、特徴ある木目を生かし、“ホゾ”と呼ばれる組み手をつかって組み上げる伝統工芸の技を指す。江戸の消費生活の発展から大工仕事が職人技として分化した結果、みがかれて生き残った技術といわれる。材料には、桑（くわ）、欅（けやき）、桐（きり）、杉など、木目がはっきり綺麗な銘木を使う。
小刀やカンナなど、道具は職人自らの手作りだ。吟味した材料を生かし、外から見えないところでも精緻な技で造りあげる美意識に江戸指物師の心意気を感じる。オーダーメイドも受け付けている。

thanks and fortunes

ありがたい おめでたい

小さければ小さいほど値が張る、浅草・助六人形。今ではなかなか手に入らないが、平つかでなら見つかりそう。平つか好みの超ミニチュアパッケージがなんとも魅力。新年にさりげない日本式プレゼントはいかが？

平つかSTORY

大正3年1914年、日本橋で創業。当時は和家具、江戸指物、掛け軸を扱っていた。昭和23年に銀座8丁目に移転。手漉き和紙と木版刷りの祝儀袋、のし袋の専門店として、審美眼をもつ銀座の客に支持されてきた。特に多くの文化人が〈平つか好み〉を求め、指物では小泉八雲の仏壇が平つか謹製であることは有名な話。

【平つか】 住所：銀座8-7-6 電話：03-3571-1684 営業時間：11:00～18:00 定休日：日曜・祝日 12月無休
アクセス：東京メトロ銀座駅徒歩5分 http://www.ginza-hiratsuka.co.jp

chapter 4

日本の原風景 あるがままに

野の花 司

nonohana-tsukasa

小川のせせらぎ
野山のなだらかな稜線
田んぼのあぜ道
そんな日本の田舎にいるみたい。
銀座3丁目のマロニエ通り脇に
いることが信じられないくらいだ。

quality of life

生きている野花をとどけたい

“千客萬来” の麻の手染め暖簾をくぐると、そこは日本の原風景が広がる別世界だ。銀座で野の花って、ギャップがおどろき。野の花が所狭しと咲いているね。

う〜ん、ここはなんて空気がおいしいの？ 「遠い野山からやって来たのに元気でしょ？農家の主婦たちが直接送ってくれる自生の花たちなので、新鮮で葉っぱがしっかりしている。酸素をたっぷり出しているから空気がおいしく感じるんですよ」 ご自身で野の花や木の花、枝物を採りに行くこともあるという、庄司勝子ご店主が“野の花”というお店が生まれた物語を話してくれた。

「銀座で始める前に、港区の神谷町で開店したけれど、関心を示すお客様が少なくて。ところが銀座で松屋デパートの裏に店を構えたら、OLさんやとりわけサラリーマンの男性が、仕事帰りにふらりと寄って下さるの。銀座は違うな〜って思いましたね。とてもありがたかったです」 女店主の語り口は、生えたばかりでやわらかい和草（にこぐさ）みたいに優しい。思わずにこにこしてしまうような世界観にワクワクする。

全国の農家とのつながりがスタート？

「お店を始める前、花が好きで花屋さんで買って活けていたんですが、枝が全て真っ直ぐなの。自然じゃないなって、その時気がつきました。栽培された花でなく、野の花をそのまま活けることができたらいいのにと」 どうやって、これだけの種類の野の花を集めたの？ 「ある日、農産物を取り寄せたら、おまけのように野の花が入っていて、“田んぼのあぜ道に咲いていたものです”とメモが。それを見てこれだ！と思いましたね。日本農業新聞の全国版に“田畑に咲いている野の花を送って下さい”と記事を出してもらった。そうしたら、“なんぼでも”って、農家の主婦の皆さんがどんどん送ってくれるようになりました。農家の主婦って、自然の近くにいるでしょ。生命力のある、活き活きしている花の気持ち良さをよく知ってるんですよ。自分の好きな花を見に行って、採ってお金になるんだったら、と軽やかに引き受けてくださったんですよ。最初は30種類くらいでしたが、今は数えられないほどに多くなりました」農家の主婦の皆さんにとっても生き甲斐になってるなんて、いい話だなぁ。

自然をあるがままに

野花って、手入れが大変では？「最初、何がどれだけ売れるか分からない中で、どさっと届いて仕分けとか、水揚げの仕方が違っていたりで大変でした。でも市場を通すより2日早く新鮮なものが手に入りますから、農家さんとコミュニケーションをとりながらより新鮮さを保つ方法を工夫してきました。野の花ソムリエを育てることも私のミッションなんです。野花は種類も多いですから、図鑑が手放せない。プロとして専門性の高いスタッフも育っているので、日本の野花の素晴らしさをもっとお伝えできると思っています。」 目の前に、自生の桜の枝がある。真っ直ぐでない動きのあるフォルムが美しい。「自然界に咲いているそのままの八重桜ですよ。花がちょっと付いているだけなのに、すごくきれい。葉だけの枝を活けてもかっこいいんですよ」

ginza collaboration

名店を活かす

野の花には、可憐、清楚、それでいて、モダンなオブジェにもなる特別な魅力がある。「和の心を野花で」という司さんの心意気に呼応して、銀座老舗料亭やミシュラン星に輝く名店で大いに活用されている。

正面カウンターには、空間を活かすキササゲの枝振り、花はホトトギス。週1回野花マイスターが活け込む花器はすべて「銀座 小十」奥田店主のコレクションから。

床花のドウダンツツジの紅葉のつややかさ。セッカヤナギの流れるような枝の動きが天然の証。花は白リンドウとキク。

天然のウメモドキの赤実の鮮やかさがライトに映える。

日本食の小宇宙を創る「銀座 小十《こじゅう》」

通の間では、日本料理の頂点を極めているとの呼び声の高い「銀座 小十」。三つ星に耀く奥田透店主は、「季節を活かす料理の質の高さはもちろんのこと、"日本"の空間こそ大切なご馳走」だと、店内のしつらえ、器、野花選びにはこだわりを持つ。天然野花を運んでくれる司には、応援の気持ちもあり信頼を寄せる。本物の花びら、実、葉、枝の色彩・質感がお店のスタイルの完成度を上げている。

green garden
銀座に緑を 屋上庭園

近年銀座では、グリーン化を目的にした屋上利用が増えている。自社ビルや住まいを「野花を使って日本式庭園にしたい」という希望にも応える。司ビルの屋上には野草が自然そのままに生息する。

art exhibition
地方作家の発表の場

2階ギャラリーには、地方の作家たちによる“野花が似合う陶器”などが並ぶ。季節の花を現代的にしつらえるシーンも見ることができ、「自分の生活に取り入れやすい」と訪れた方々に好評だ。

野山を味わう

二階のカフェ・茶房野の花で出されるお膳には、必ず季節の野花が添えられてお持ち帰り自由。銀座で野山を感じながらのひとときを過ごすことができる。

空也最中とお抹茶

お抹茶セットには、銀座の老舗和菓子店「空也※」の最中がついてくるのも、銀座らしい気遣いだ。

※空也　明治17年創業の銀座一店主義を守る老舗和菓子店。夏目漱石の「吾輩は猫である」にも登場する空也最中は、一日売り切りのため予約しないと手に入れることができない。銀座六丁目並木通り沿いの空也店内には、司の野花が活けられ、お客様を出迎えている。

野山のごちそうA

根菜類がたっぷり入った煮物と五穀米おにぎりセット。野草の佃煮3種も添えられて、その風味におどろく。

山菜天ぷら

季節の山菜天ぷらは、粗塩でいただく。毎日数量限定なので、早い時間に来店することをおすすめする。一年中いろいろな山菜をいただける。

珈琲とあまいものつき

味わい深い珈琲についてくるのは、知られざる地方のお菓子。長野県松本の「あめせんべい」や和三盆や生姜を使った「風衣」は予約のお客様が出るほどの人気で持ち帰りができる。それを楽しみに珈琲タイムは「野の花司」でというファンも多い。

【野の花司】住所：銀座3-7-21　電話：03-3535-6929　営業時間：10:00〜18:00　日曜・祭日11:00〜19:00
アクセス：東京メトロ銀座駅徒歩4分　http://www.nonohana-tsukasa.com

五十音
K14
ボールペン

chapter

5

路地裏の小さなえんぴつ屋さん

五十音
gojuon

宝童稲荷の真向かいにある、赤い看板「五十音」。間口一間、ドア一つ、教えてもらわなければ絶対通り過ぎてしまうほど小さなお店だ。銀座でえんぴつ屋って、どうして？ 五十音オーナー宇井野京子さんは、ゆっくりと語ってくれた。
「子どもの頃から文房具が大好きで、大好きで、コレクションが多すぎて家が潰れそう……それが高じてです」でも、家賃高い銀座ですよ。心配はなかった？ そこが、このお稲荷さんのパワーだと思いますが、最初から銀座と決めていたわけではないのに、引き寄せられました。不動産屋さんに、“その商売じゃぁ銀座では”とか、“女で会社でもないのにちょっとねぇ”とか散々言われた帰り道、宝童稲荷を見つけて拝んだんです。“こういう場所で決まりますように”って。驚いたことに、それからみるみるうちに現実になって、開店してからも、周囲の店主さんたちが色々宣伝してくださって、生き延びられたのは、銀座のみなさんの心意気のお陰です」お稲荷さん、御利益ありますね～。「一番多いのは出世したという人。宝くじにあたったとか、恋愛成就、オーディションに受かったとか、それはそれは御利益のゴールドラッシュです（笑）」

wonder wonder
足を運ばないと触れない

すごい種類のえんぴつやペン。5人がようやく入れる店内に、所狭しと世界中の文房具が集まっている。えんぴつはこの店自慢のカテゴリーだ。えんぴつは東京の地場産業で、地場素材のひのきを使ってえんぴつを作ることにメーカーと一緒に挑戦したこともある。ジャパンの象徴・漆えんぴつも自慢だ。昔ながらの味わい深いえんぴつ、定規デザインのもの。ここにいると、見とれて時間を忘れてしまう。

笑える文具

生活を楽しくしてくれる、思わず笑ってしまう文房具作りにも余念がない。大手鉛筆メーカーとのコラボで長さが半分の鉛筆を作ったところ、品質向上のため芯は小さく（細く）なったので「小芯モノ」（しょうしんもの）と名付けた。ところが、メーカーの役員会でネガティブネーミングはダメ、我が社とは無関

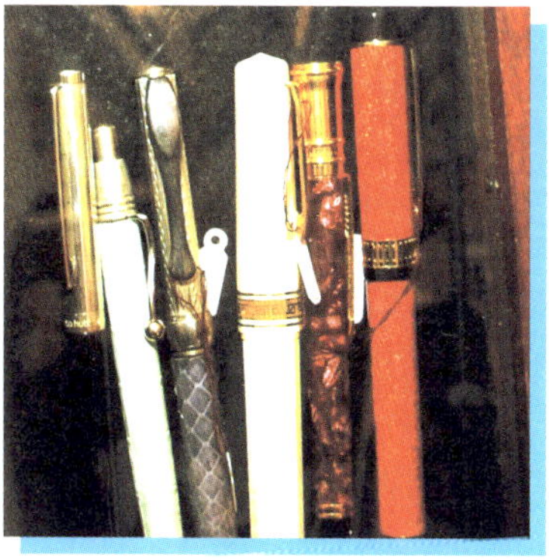

係にしろというお達し。でも不思議、空前の支持を得て完売。一本200円、半分サイズなのにと宇井野オーナーは屈託なく笑う。これ以外にも「落ちない消しゴム」はメーカーからやめて！と懇願されたが、受験生には大人気。おじさん図鑑にあやかり「おじ箋」(付箋)も若い女性に大売れしている。

客のアイディアで作る

アナログ文具を扱っている文具店なのに、不思議と電子手帳を使い倒しているような方が客に多いという。そんな中にオーディオマニアがいて「文具のように小さなスピーカーを創ってみました」と持参したステレオがある。(写真右下)静かなホテルに泊まって人に迷惑をかけない程度の音量が出る。6万円という価格ながら、初期ロット10台は完売したという。マニアの道具自慢願望にも応えてくれるところが人気の秘密。

play it cool

さりげなく装う

えんぴつが小さくなった時に、補助軸を使うと、鉛筆が蘇る。「もったいない」というモノを大切に使う精神が受けて補助軸ブームが起きたが、その火付け役は五十音だ。

最後の職人さんと

ミミックとは、擬態という意味。キャップを取ると鉛筆なのに、付けると萬年筆そっくりになる。この変化が面白くて名付けた。戦後、大阪生野の職人が筆記具産業を支えていたが、時代と共にすたれてしまい、最後に残った職人(藤本寛さん)に「日本の技術を残したい」と懇願し、設計から共同作業して創り上げた。

手にした感触がちがう

五十音のミミックは、藤本ミミックといわれる他にはないオンリーワン。手にした方からは、本当にイイ!と感嘆の声が上がる。素材の色、金具の精緻さ、上質さは、命を削って作ってくれた職人がいたからこそ。残念ながら、藤本さんが亡くなりこのスタイルの再現はできないが、このDNAを守りながら、本当に喜ばれるミミックを新しい形で提供できればと宇井野オーナーは意気込む。

taming

飼い慣らす文房具がいい

文房具選びのポイントは？「最近は機能が多すぎたり、デザインだけの文具が目立ちます。でも文房具は道具。シンプルなものを自分で飼い慣らすことが醍醐味なので、握ったり、書いたりする感覚を実際に試してほしい。足を運んでいただいて、お店でやりとりしているうちに、素敵な文房具に出合えますよ」

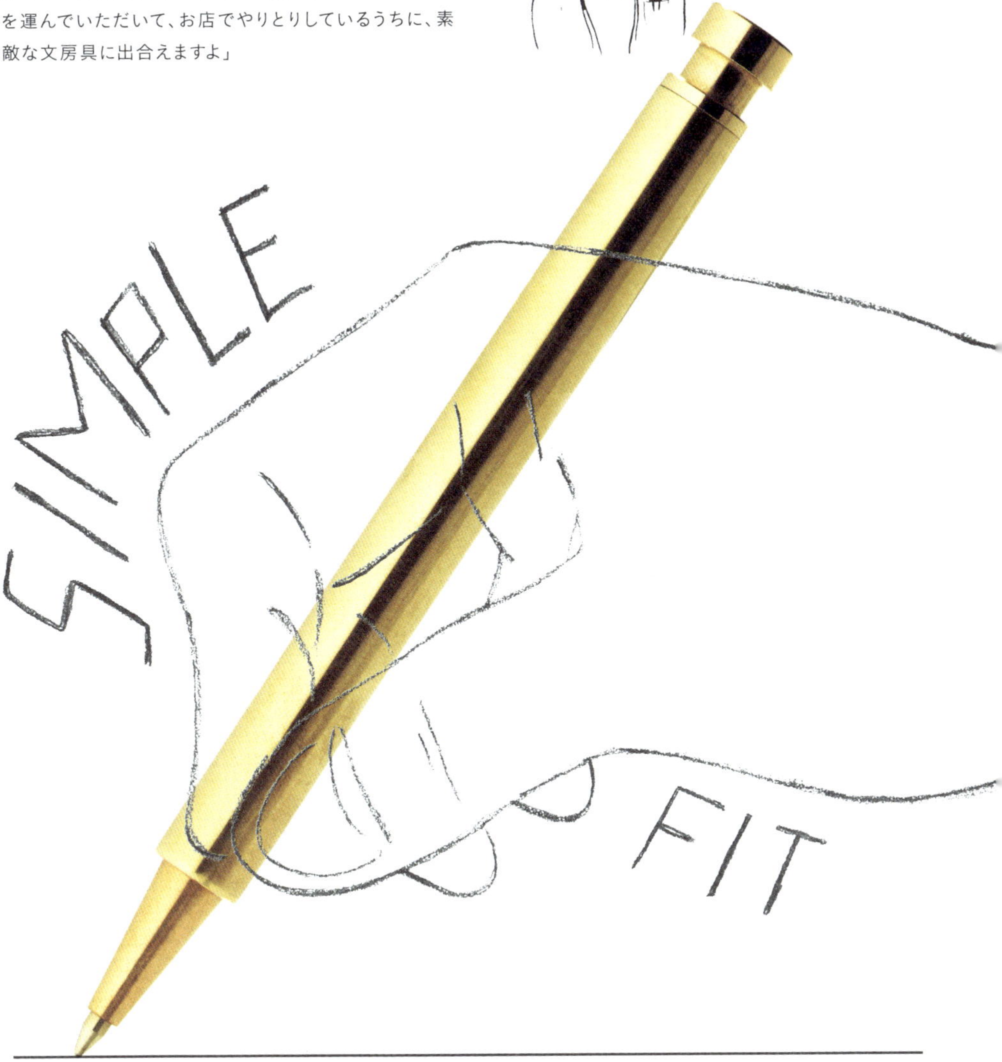

【五十音】住所：銀座4-3-5　電話：03-3563-5052　営業時間：直接問い合わせ　アクセス：東京メトロ銀座駅徒歩2分　http://www.gojuon.com

episode 3 ／ 銀座のへそ 宝童稲荷

ここから商売を始めると成功する

そんな言い伝えのある、江戸時代からつづく稲荷がある。銀座4丁目のど真ん中、路地奥のここは、昔、弥左衛門町といって、地元職人や日比谷の入り江から移り住んだ漁民、商人達が混じり合って、独特のパワーを放っていたところ。

成長企業の伝説

起業家の登龍門、すごく銀座っぽいなぁ。
つや次郎が宝童稲荷にパンパン！ していると、
歩道稲荷の向かいにある「五十音」のお店の方が教えてくれた。
「昔から願うが叶うって有名なの。
もともとは子どもの成育を祈る神様だけど、
明治の産業復興時期に成長した企業がみんな
宝童稲荷周辺にあったので、そんな伝説が生まれたのよ」
へぇ～！ そりゃすごいや。
「例えば、味の素とか、電通とか、大日本印刷とか東邦生命保険会社、
黒沢タイプライター、みんなここあたりで起業して大企業に成長したのよ」
きれいなお稲荷さんだね。
「ここは銀友会っていう町会の商店主が集まって守っているの」

メイド・イン・ギンザ

熟練の目と技。
一生ものって、究極のコスパだ。

chapter 6

ミクロコスモスの誘惑

天賞堂
tenshodo

「メイドインギンザ」は天賞堂が志すおもてなしの心。ジュエリーや時計で長年培った精緻なものづくりの心意気が隅々まで行き届いている。本当に上質なものって、見た目だけがよくできているとかじゃない。実際には見えないところまで作り込んである。ここでは天賞堂が作る上質なミクロの世界から時計、鉄道模型、そして秘密のギャラリーを紹介しよう。

transcendence

時計の魔術師

世界中の時計たちが集まる天賞堂には、「どんな時計でも直してみせる」という誇り高き修理マイスターがいる。唐牛茂（かろうじしげる）氏は、職人歴65年。この人の手にかかれば、動かなくなった時計のほとんどが、再び時を刻みはじめる。彼こそ、生涯現役、生きた銀座の伝説だ。

マニュアルは？
「ありません。機械の方に添いながら、頭のなかでいろんなことをやってみる。これがだめなら、また別のことを試してみる。でも、ぎりぎりの崖というところで解決したからこうしていられるんです。経験を積み重ねることで、だんだん修理作業を早くやれるようにするんです」

わっ！世界中の道具が。「オープナー（裏蓋をあける道具）は時計ごとに違う。50年前にロ一レックスから譲ってもらったのが現在もぴったりと合う。時計本体の基本はいささかもかわっていない。道具にも会社の精神が見えます」

どこからははじめるんですか？
「ぜんまい式の機械時計はありとあらゆる方角から、修理の方法を考えなければなりません。お医者さんと同じですね。相手は生き物に近い」原因はすぐ見つかりますか？「たまに、どうしてもわからなこともありますよ。家に帰って風呂に入っても時計のことが頭から離れない。引渡し日が決まっていて、カウントダウンであせりが出てくる。でも、そういう時は短気を起こさず基本に立ち返ることです」

部品の数って？
「数えたことありませんが、簡単なものは60〜70コ。自動巻きになると部品が多くなるので、100から200以上。最近はやりの多機能のクロノグラフは、さらに多くなります」小さくて混ざったりしませんか？「4つ、5つ同時進行で分解するときもある。部品がまぜこぜになったら月給もらえませんね」

made in ginza

時計屋が欲しくなる時計

時計屋が欲しくなる時計を作りたいという新本秀章社長の夢を、2001年にオリジナルブランド「グランドコンプリケーション」で実現、2003年に定番化した。デザインには、クラシック＆エレガンスという天賞堂ならではコンセプトが息づいている。135年も前から、舶来品の時計を輸入して培った審美眼は、時を超えオリジナル・ウォッチを創り上げた瞬間、時計小売店だった天賞堂が初めてメーカーになった。そのリソースが今、「Made in Ginza」ブランドとして結実している。

「スムーズな回転がありながら、とても頑丈。構造全体が骨太というか、しっかりしています」と修理マイスター唐牛氏のお墨付き。天賞堂オリジナルウォッチ"Made in Ginza"ワールドトラベラーの背面

天賞堂オリジナルウォッチ"Made in Ginza" シンプルゴールド￥588,000

天賞堂オリジナルウォッチ"Made in Ginza" グランドコンプリケーション　クラシック ￥105,000

顕微鏡は？「ルーペだけですよ。35年は使ってます」

「ティファニー社製で、まわりはダイヤモンドがちりばめられています。100年以上前に、こんな仕事があったんですね。精密美術工芸品の極地です。当然部品はもう作られていませんが、オーバーホールした今は1日5秒遅れぐらいで動いています」

models and diorama

鉄道模型 愛《め》でらーの世界

日本人には、小さいものや可愛いものを愛する優しさが、DNAに入っているらしい。
「実は私、鉄子なんです」。 つや次郎のガールフレンドは天賞堂大好きガール。彼女は鉄道模型の部屋に入るなり、「これはD51型蒸気機関車を1/80にした模型よ。まるで実物を見てるようでしょ」。確かに蒸気機関車全体の雰囲気、ピストン、動輪(大きな車輪)、ロッドなど機関車を動かすメカニズム、パイピング、運転台まわり等々の細かい部品まで本物そっくりだ。初めて目にしたつや次郎にも、天賞堂の世界的技術の結晶だっていうことが熱く伝わってくる。どうしてこんなにホンモノみたいに作れるの？ 鉄道マイスターがこんな話をしてくれたって。「蒸気機関車の鉄道模型は一番高度な技術がいるらしい。年季の入った職人さんとともに一年以上かけて作るんだって。現物を調べ膨大な資料をもとに細かな部品を綿密に組み上げていく。外観上の精密さが注目される鉄道模型だけど、ホントはね、走らせてみるともっと良さが分かるんだなぁ。世界に誇る技術で線路に凹凸があっても滑らかに走る、その姿はもう最高」彼女の瞳は職人さんの情熱が宿ったように、キラキラしてくる。
「ホンモノに近ければ近いほど、作り手の愛着や技術が伝わってくるのね、だから感動しちゃう♪」そうやってホンモノの世界を自分の部屋で楽しむ彼女。いまどきの普通の女の子の部屋でみるジオラマは実にユニーク。机の上で田園風景を再現したり、好みの動物、小物などを配置して好きな色の鉄道模型を走らせる。まるで、卓上遊園地だなぁ。

(写真左)D51型蒸気機関車 603号機(1/80 16.5mmゲージ 真鍮製)細かな表記まで再現した前面
(写真中央)メーターの1つ1つにまで色差しをした運転台廻り(D51型蒸気機関車)
(写真右))空気作用管など細かいパイピングも忠実に再現(D51型蒸気機関車)

天賞堂製Zゲージ
165系直流急行形電車急行列車が減少した昭和50年代後半からはローカル線の普通列車に使われている、愛着ある人気の電車。。

鉄道模型は「ゲージ」で区別

ゲージとは、線路幅や車両スケールを表すことば。これまで、アメリカ、ドイツ、日本等の模型先進国では、線路幅16.5mmの「HOゲージ」が主流だった。車両サイズは、本物の1/87(日本型車輌は、実物の線路幅がアメリカ等より狭く、小さいため、1/80)。プラスチック製もあるが、真鍮製やダイキャスト製ならば、実物を彷彿とさせる金属感、細密感、走行時には質重量感が味わえる。

天賞堂は長年、真鍮製を作り続けてきた模型界の老舗。培ってきた技術や質感・ディテールへのこだわりが特に真鍮製の「天賞堂オリジナル16番ゲージ」では実感できる。欧米諸国では高級ブランドとして名を馳せ、特にすべて手作りの真鍮製は「鉄道模型のロールスロイス」という異名をとるほど。「カンタム・システム」を搭載した車輌は、実物と同じサウンドが楽しめる。機関車の汽笛、ブレーキ音、レールのジョイント音、さらにはドップラー効果音まで、どれをとっても臨場感いっぱい。これはアメリカの技術集団と手を組んで、数年の月日をかけて開発した機能だ。

比較的新しい「Nゲージ」。線路幅9mm、本物の1/150。そして、近年広く注目されている「Zゲージ」。線路幅6.5mm、1/220と、ミニチュアの愛らしさをもつ大きさ。「16番ゲージ」で培った技術がいかされ、極小にもかかわらず細部に至るまで精密な仕上げには感動する。走りも滑らかで、自分の机の上で「走らせて楽しむ」その実物とバーチャルのパラレル感は、現代人だからできる贅沢時間。この他にも多くのゲージがある。

ジオラマって?

料理に器が不可欠なように、鉄道模型を活かすのはジオラマだ。情景をミニチュアにした模型のことをいう。「田園風景」「田舎風景」「街角風景」「都会のビル群」「海山風景」・・自分が作りたい風景のパーツを集めたり、新たに自作したりしてmy diorama を創れる。背景の青空などを写真パネルにして置けばさらに臨場感いっぱいだ。素敵だと思わないかい?楽しいよ!

premium goods

秘密のギャラリー

文豪夏目漱石は天賞堂のファンで、1907年の雑誌「ほととぎす」の「野分」に次のような話を載せている。

「これ?」と重ねた手は解けて、右の指に耀くものをなぶる。
「この間父様に買っていただいたの」
「金剛石※ですか」 ※ダイヤモンドのこと
「そうでしょう。天賞堂から取ったんですから」

同じく尾崎紅葉も贔屓筋で、小説『金色夜叉』の主人公貫一の恋がたき、富山青年がダイヤの指輪を天賞堂で買ったという事になっている。

創業135年の歴史を持つ天賞堂は、当時既にこのような文学作品に登場するほど高級宝飾店として名を馳せていたが、現在に至るまでいつも新しい価値を生み出す審美眼と確かな技術に対する信用に支えられてきた。

その135年にわたる審美眼と技術を証明する記念品を一堂に集めた秘密のギャラリーがある。
おもしろいねぇ。値段も商品名も分からない品物が並んでいる。
「企業は物を作ったり、サービスを提供して対価を頂くのが普通だけど、ここにある物は、企業や団体の発注とはいえほとんどが非売品なんだよ」
大切にとっておきたいまるでアート作品に見えるね。
「企業の歴史や文化、未来に向けた思い、そういった形にしづらい理念や夢を造形したもの、といったらいいかな。ここには、天賞堂の物づくりのスピリッツが全部注がれている」
すごい。千年後の考古学者が発掘したら、21世紀ニッポン・ギンザ文化の秘宝として話題になりそうだね。

1966年 FIA JAF

2008年西武ライオンズ
優勝チャンピオンリング

上左：TOKYO 2005 FINAL フィギュアスケート
グランプリファイナル 優勝金メダル
上右：TBSラジオ番組記念品
下左：1964年　東京オリンピック記念メダル
下右：佃正吉財団法人がん研

1999年箱根登山鉄道とスイス・レイティシエ鉄道と
姉妹提携20周年記念ウォッチ

JAMA企画 日本美術協会

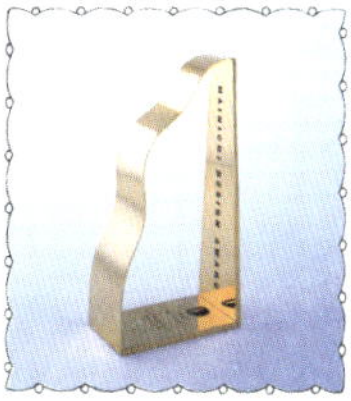

毎日新聞社毎日デザイン
賞トロフィー
デザイン：田中一光

読売巨人軍銀製
トロフィー

【天賞堂銀座本店】住所：銀座4-3-9　電話：B1時計 03-3562-0022　1Fジュエリー 03-3562-0023　2〜4F鉄道模型関連　03-3562-0024　6F商事部　03-3561-0101　営業時間：月〜土曜は11時。日・祝日の開店時間及び閉店時間はフロアによって異なる。定休日：B1、1F無休。2〜4F木曜　アクセス：東京メトロ銀座駅徒歩1分
http://www.tenshodo.co.jp/

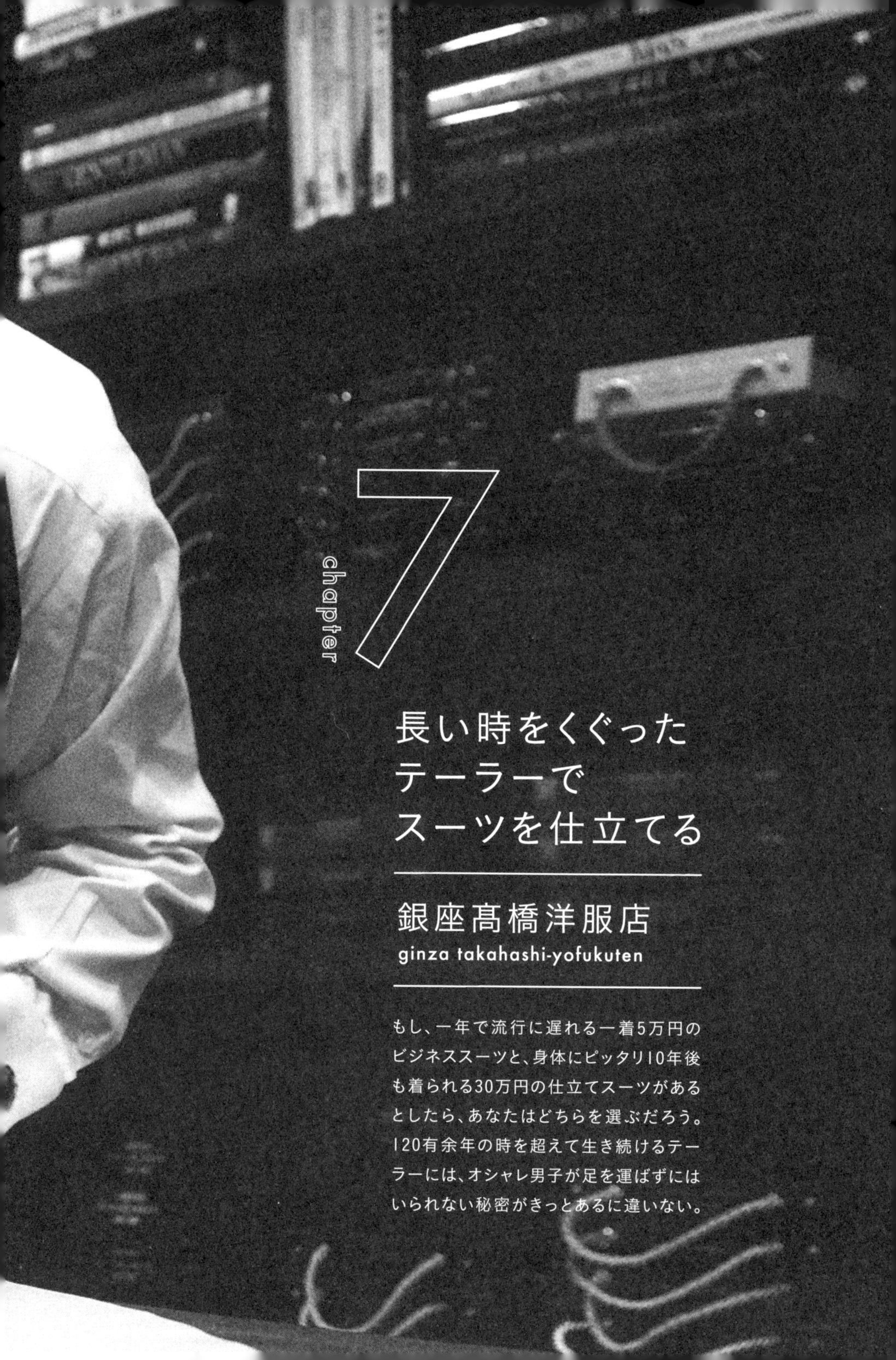

chapter 7

長い時をくぐったテーラーでスーツを仕立てる

銀座髙橋洋服店

ginza takahashi-yofukuten

もし、一年で流行に遅れる一着5万円のビジネススーツと、身体にピッタリ10年後も着られる30万円の仕立てスーツがあるとしたら、あなたはどちらを選ぶだろう。120有余年の時を超えて生き続けるテーラーには、オシャレ男子が足を運ばずにはいられない秘密がきっとあるに違いない。

future

10年先の自分を買う

fashionable

ファッションではなく自分流

「10年着続けるから、それがあなたのアイデンティになる。10年後の自分を買うから、
古くならない。大事なのは、今いい洋服をつくらないこと」
と髙橋洋服店髙橋純社長は云う。
え？　それってどういうこと？
「つまりね、今いい洋服っていうのは3年後には流行遅れになってダメなんです。
3年経っても、10年経っても野暮にならないで着られる服が
ほんとうに価値のある服なんですよ」
10年経っても自分に似合っている、そんな服あるの？
「最初からあるんじゃありません。いつもお客様に申し上げるのは、
本人が居なくてハンガーにぶら下がっている洋服を見て、
“あっ、○○さんが居る”と分かるような洋服がいいということ。これは、経年しても味が
出る生地、動きや体型の変化にも対応できる仕立てを選ぶことで手に入ります。
加えて実はディテールこそがポイントなんですけどね」
ディテールかぁ。きっとそれは、髙橋社長のおしゃれ美学と関係がありそうだな、興味津々。
「では、私がホンモノの洋服作りにかかせないと思っている前提、
スタイル作りについて少しだけ指南していきましょう」

男の洋服は「ファッション」ではいけない。
その人のスタイルになることが大切。足の先から頭のてっぺんまで
自分自身のコーディネートをするということ。
こう云うと、たくさんのアイテムを集めなきゃ、流行に敏感でなきゃ、と考える男子が
大勢いらっしゃいますが、そうではありません。
まず最初の目標は、タンスの中のどれをコーディネイトして着ても合うようになること。
流行に流されたり、衝動買いはしないこと。それをしてしまうと、
タンスの中がいつまでたっても自分流品揃えになりませんから。」

TAKAHASHI's style

1_shirt

シャツはピンクと黄色が多いです。いずれも細かい柄か無地です。なぜかというと、ピンクと黄色だと背広は何色でもいい。紺、グレイはもちろん、茶やグリーンの背広でも大丈夫。だから、朝何を着るか考えずにすむわけです。ブルーのシャツだと、茶やグリーンはだめなんです。ほかに、色を選ばないのは白。でも白は汚れが目立つのが気になってあまり着ません。貧乏性なので(笑)。

2_cuff links

イギリス製で、絵はエナメルで手彩色してある。父が10数年かけてコレクションした形見で10種類ぐらいもってます。

3_necktie

朝起きたら、今日はどんな人と会うか思い出してみる。そこから着るもの、身に付けるもののカラーコーディネーションを考えます。朝、ネクタイを選ぶのに悩んだことはありますか？おしゃれの第一歩はここから始まります。

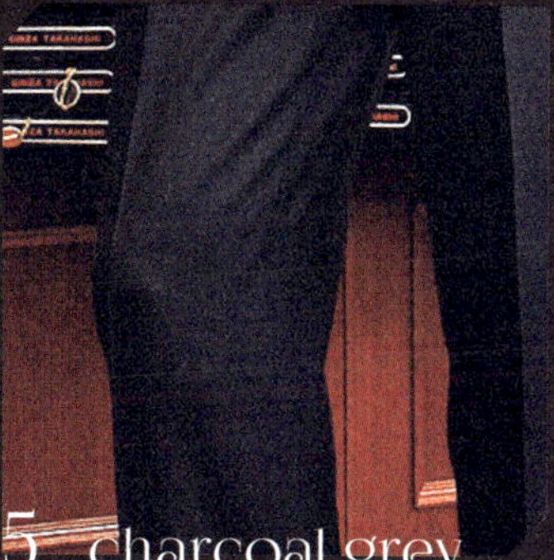

4_pocket chief

日本では不祝儀でポケットチーフはいけないと言われますが、私はジャケットを着ても、喪服を着ても入れます。ボタンを留めるように、身だしなみはポケットチーフで完成するものです。

5_charcoal grey

背広はチャコールグレーの無地か縞柄が多いですね。無地ならば冠婚葬祭で着られるし、便利なんです。ビジネスウエアは紺が多いので、改まったところに行った時に、チャコールグレーはこの人着替えてきたのかなと思ってくれます。ぼくは黒をもっていないので、両親を見送ったのはチャコールグレーでした。日本人は結婚式は黒だと思い込んでいますが、洋服発祥の地、英国では黒は喪の色です。最近は英国でさえ、喪に黒は着なくなった。ダイアナ妃の葬儀では、チャールズ皇太子は紺、ヘンリー、ウイリアム両王子はチャコールグレイをお召しになっていらっしゃいました。

6_shoes&head

靴は毎日取り替え、一週間はいた靴を全部磨くこと、その後シャワーをあびながら、一ミリのバリカンで頭を刈ること。毎週日曜日の夜の仕事です。

tailoring

ホンモノを仕立ててみる

生地選び

常時1,000着程度の現物服地をストック。スヲッチ(服地サンプル)からも選べる。

こだわりのディテール

「高橋洋服店には、ハウススタイルというこだわりがあります。襟のデザインや洋服のフロントカットや長さ、ポケットの蓋の形、ボタンやボタンの位置に高橋らしさをにじませます。ここに長い歴史を紡いできた"服の文化集積"が一杯詰まっています。電車の中で、いい感じのスーツをお召しになっている方を見つけて、「あんなスーツを作ってみたいな」とじっと見つめていると、先方が顔をむけられてよく見たらうちのお客様だった、なんてこともありますよ(笑)。そんな時こそ、スーツ職人でよかった、と思う瞬間ですね」

採寸

動作と身体にあわせる。リラックスして楽な姿勢で。ゆったり目だとか、長目が良いとか好みを型紙に反映させられる。

型紙づくり→断裁

しっかりと型紙ができあがると次回から寸法や体型、トレンドや好みの変化、さらには服地の微調整などの修正を加えながら作業が進められる。自分の理想の服へと進化する。型紙は上級オシャレのためのカルテ。

仮縫い→フィッティング→補正

店主自ら10年後を見越したチェックが入る。

本縫→

完成!

1人のテーラーが完成まで、1人の客のすべてを担当する。出来上がりまで5週間。最後のチェックは必ず店主が行う。

perfection

WISHをカタチにするために。

自分の望みを伝える店主とのセッションこそが、仕立てる時の最大の愉しみ。ここで店主の引き出しから飛び出してくる「自分に似合う」要素を見つけ出す。

1 どこで、いつ、何のために着たいかを伝える。

2 予算を伝える。

プライスリストがあるので明朗会計、安心して相談できる。

3 仮縫いには、背広とワイシャツ着用。

ジーンズ&Tシャツでは、動きを見たり、
体型の正確な把握がしずらい。

写真協力・瀬尾泰章

銀座髙橋洋服店STORY

明治23年頃に、髙橋洋服店創業者・髙橋侍郎(髙橋純孝の叔父)が銀座に洋服裁縫店を開業。同36年に純孝が侍郎の身代を継ぐ。この年をもって創業年とする。大正9年に銀座4丁目に開店。現社長・純氏は小学校から慶應に学ぶ。高校時代はラグビー部。店の経営を考え大学は経済学部に進学した。しかし、先代はもの作りの才能を見抜いていた。洋服学校に3年通い、「ロンドン・カレッジ・オブ・ファッション」に学んでのち、日本を代表するテーラーの技術を磨きあげた。

【銀座髙橋洋服店】住所:銀座4-3-9 タカハシクイーンズハウス3F　電話:03-3571-6523　営業時間:10:30～19:00　定休日:日曜、祝日　アクセス:東京メトロ銀座駅徒歩3分　http://www.ginza-takahashi.co.jp

chapter 8

Earth for Children

ギンザのサヱグサ

ginza-no-sayegusa

100年後にも豊かな森を子どもたちに残したいと考えている子供服の店がある。
子供服と森って、どんなつながりがあるの？
「いつも描くイメージは、親として子どもたちに何が残せるかってこと。2013年からSAYEGUSA GREEN PROJECTをスタートし、セールスの1%を継続的に地球環境保全等に役立てる活動をしています。また、店で開催する子どもたちとのパーティでは、自然エネルギー源である風車作りをゲーム感覚でやることも。パーティの食材を提供してくれた生産者たちの、食材を大切に育てた思いを子どもたちに伝えるという試みもしています」と、5代目三枝亮社長は軽やかに語り出す。

three messages for Children

親が子どもに伝えたい3つのこと。上質、適切、ユーモア

elegant

上質な洋服で育む子ども文化

上品ってどういうこと？
「もともとは、言葉や立ちい振る舞いを磨くことによって身につく所作が大切だと思いますが、着る服でも育みたい、これが私たちの願いです。フォーマルな服、いつもと違ったクラッシックな服を身につけてみると、特別な日の身のこなし方、ふるまい方をする自分に出会えることになるでしょう。おねだりして買ったドレスを着て、お母さんのように優雅に歩いてみましょうか。お父さんの着ているようなジャケットをはおれば、胸をはり堂々として姿勢も変わります。少し背伸びする体験を通して、子どもたちは感性を磨き、自分を表現すること、その時や場の雰囲気を楽しむことを学びます」

上質だからリユースできる

子どもってすぐ大きくなって着られなくなっちゃう、だから子供服に上質は無駄？
「サヱグサの服は、生地も縫製も質が高いので、親子3代で着たり、親戚と共有したり、繰り返し使っていただくことが可能です。最近は少子化や核家族化がすすみ繰り返し着る機会がなくなってきているので、一度、販売した商品をサヱグサが買い取り、その商品をリユースするというプログラムをスタートしようと考えています」

commu

洋服はコミュ

「サヱグサが時代とともに変化をしながらもずっと守ってきたことは、子供服は“親が買い与える”というコンセプト。それを色彩にもデザインにも素材にも表しています」どのようなシチュエーションでもTPOを守りながらおしゃれができる感性を伝えられるのは、大人である親の仕事だ。とんがり帽子のお店の中には、そのコンセプトにふさわしい世界中の洋服や靴、小物がいっぱい。フォーマルなお出かけ服を集めた地下のフロア、一階はヨーロッパの最新のセレクトと、商品の幅は実に広い。

パリコレだって攻略

TPOって、今は知らない親も多いはず。伝えたいのは、場面に合わせた服の着方だ。カジュアル⇔フォーマルという大きな基軸があり、その上で外遊び、およばれ、友達の誕生会、雨の日、レストランへ、祖父母のお家へ、受験面接等すべての生活場面にふさわしい服をえらぶ。とんがった自分流の服と相手から受け入れられやすい服の使い分け能力こそが、大人になる心得。多様な品揃えの中からトータルな服選びを教えてくれる子供服マイスターのアドバイスが嬉しい。

nication

ニケーション

お店にでかけるだけで、世界に通じるオシャレのセンスを学べちゃう。

驚きのホールガーメントマジック

サヱグサが世界の上質な子供服の中から、セレクトするのは日本では作れないもの。一方で日本ならではの技術で作られた子供服にも着目しているという。

ホールガーメントって何？

「サヱグサ・オリジナル・コレクションでは、海外にはない日本独自の優れた技術を発掘し続けています。例えばホールガーメント縫製は、縫い目（縫製箇所）が一箇所もないというニットの魔法。極端に言うと端の糸を一本抜くとぜんぶつながっているということです。縫い目がなくなると、ウエイトも軽くなり、何より子どもにとってごろつき感ゼロの着心地となるのです。日本が誇る世界も注目する製法なんですよ」

地方に息づく素晴らしい技術を発見し、プロデュースするのも三枝亮社長の腕の見せ所だ。子どもたちに届けたい服地や縫製を求めて日本中をかけめぐる。サヱグサ・ワールドには、世界中の、日本の、子どもたちに届けたい服があふれるほど詰まっている。

ふくろうのにぎりクッションはオーガニックな風合いが可愛い。

こんもりとした緑にかかえられたような、子どもたちの空想世界。「2階の子どもたちの遊び部屋には、世界中の楽しい絵本が集まっています。その中には、生物のはなし、気候のこと、ごみ問題、大気汚染のこと、食や水の物語、経済のはなし、子どもたちがこれから大人になっていく上で、親として伝えておきたいことを描いている絵本がいっぱい。楽しみながら知識も身につけて欲しいなって」ここでは、なかなか他では見つけることのできない、ポップな絵具や地球儀、楽器など、子どもたちの夢を広げてくれる世界のグッズに触れられます。

子どもたちの humor 空想世界

ユニークな動物カードを部屋に飾るのも楽しい。

ヨーロッパの美しいデザインが目を引く絵本棚で未知の冒険もできる。

まるで自分の部屋にいるかのようなくつろぎ感。ぬいぐるみはチェスト・ディスプレイとして並ぶ。

PEPPY FIVE　植物塗料の美しい5つの輪積み木。インドのフェアトレードがつくった教育おもちゃ。ハンドメイドのあたたかさが魅力だ。

うごきも変幻自在、ポップデザインのヘビクッションは子どもにも大人にも大人気。

サヱグサSTORY

明治2年、築地居留地（現在築地6丁目）付近で、創業者・三枝與三郎は 輸入品雑貨を商う「伊勢與」を開業。 輸入物の中にうどんのような糸を見つける。居留地の婦人から習った編む技術と併せ、毛糸を販売すると飛ぶように売れる。明治5年（1872）の銀座の大火で店は全焼。国家プロジェクトとなった耐火型・銀座煉瓦街で、與三郎は銀座で第1号の婦人向け輸入商をはじめ、皇室御用達に。時代が変わり子ども服専門店「ギンザのサヱグサ」に屋号を変える。日本初のジャージ素材の子ども服など、上質で品がよく動きやすい服の開発に取り組んだ。先代から受け継がれた商売への思い「お客様によかれの商品を届ける」は、「親が子どもに選んであげたい」商品が揃うサヱグサワールドに息づいている。

とんがり帽子の外観が特徴的。

【ザ・メインストア銀座】住所：銀座7-8-8　電話：03-3573-2441　営業時間：10:30〜19:30　アクセス：東京メトロ銀座駅徒歩3分　http://www.sayegusa.com / Green project http://www.sayegusa-green.com

episode 4 ／ 路地はワンダーゾーン

銀座の歴史と共に生きる老舗「ギンザのサヱグサ」の三枝進会長は、まさに銀座の生き字引。進会長ご自身による歴史研究の成果の一つ「銀座路地マップ」。これを元に作ったつや次郎版銀座路地MAPを手に、ビルとビルの間のすき間に潜ってみよう。表の銀座中央通りからはおよそ想像できない裏路地は、まるで海の底みたいなディープな感じが漂ってるよ。銀座は変化し続ける街。路地も時代と共に変わったり失われたりしていく。ところが、銀座の守り人のチカラで生き残り続ける路地があるんだって。

Sayegusa-kaicho

昭和の家屋がミステリー感を増している（銀座1丁目）。

並木通りから交詢社へ。養精堂ギャラリー路地にはクリエーターがあふれている（銀座6丁目）。

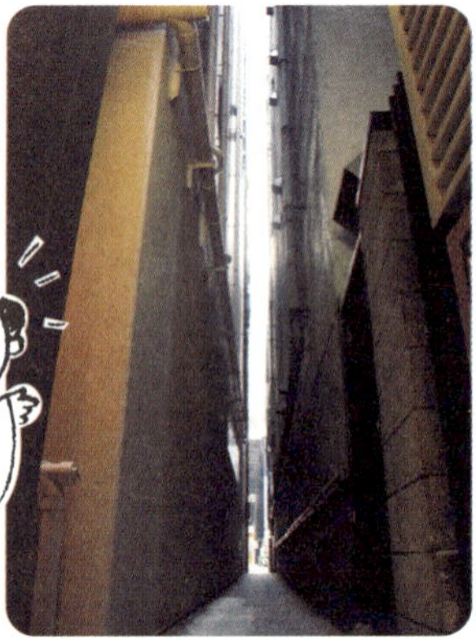

つやじろうのオススメ
路地には物語がいっぱい

昼と夜の顔が変わる路地（ティファニー横、銀座2丁目）。

Ginza 7cho-me ROJIURA Map

その代表が銀座7丁目の裏路地。緑のあるビルやカフェやサヱグサ会長、そして区役所も一緒になって、「銀座の魅力・路地を守ってみんなに楽しんでもらいたいね」との心意気で、今の路地の形にしたってわけ。ご利益のありそうなお稲荷さんあり、驚きの通せんぼ自動ドアあり、カフェの中を通り抜ける冒険感あり、これこそが隠れた銀座の名所さ。

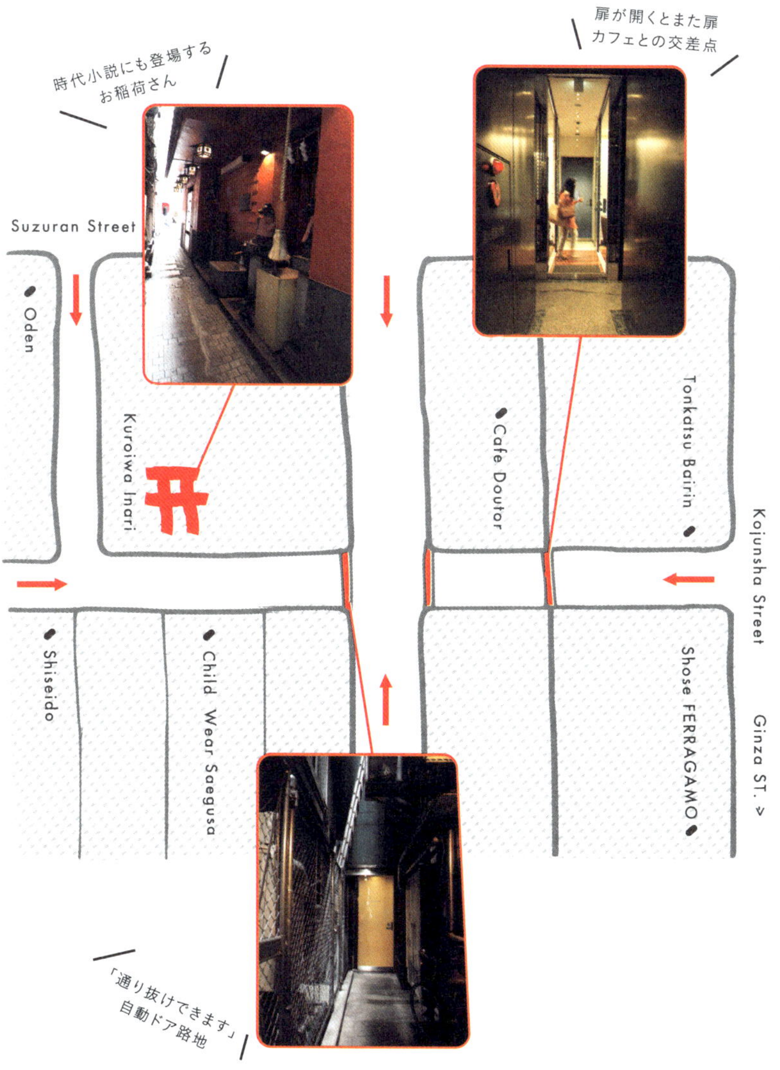

時代小説にも登場する
お稲荷さん
扉が開くとまた扉
カフェとの交差点

「通り抜けできます」
自動ドア路地

episode 5 ／ ちょっと一息 cafe time

銀座おさんぽの途中で寄りたい、おすすめカフェをつや次郎が選んでみました。

100歳の珈琲マイスターに会える！

カフェ・ド・ランブル

上質の珈琲文化を日本に根付かせようと奮闘した関口一郎氏の店。百歳の今でも毎日生豆を煎る現役。伝説のブラン・エ・ノワール（琥珀の女王）は、ミルクを浮かしてシャンパングラスで味わうスタイルがおしゃれ。豆を10年以上寝かせたオールドコーヒーは深いコクに驚く。タイムスリップしたような店内で至福の一杯を味わう。珈琲選びも指南して貰える。

中央区銀座8-10-15
03-3571-1551

世界一の贅沢空間

ロイヤル クリスタル カフェ

「銀座に世界一のカフェを創りたい」というドトール創業者・鳥羽博通氏の夢が結実。シャガール、ローランサンなどの名画で飾り、マホガニーの椅子やテーブルは自身でデザインした。店内中央のガラステーブルは特注のラリック社製。世界中から集めたコーヒーと自家製農園で採れた最高級のコナコーヒーなども楽しめる。珈琲以外では、生姜がたっぷり入った特製ジンジャーエールは一度は試したい逸品だ。

銀座5-4-6　ロイヤルクリスタル銀座ビルB1　03-3569-1188

緑茶に目覚めるカフェ

茶銀座

築地にある緑茶卸専門店が開いた緑茶BAR。カウンターで緑茶マイスターと語り合うことができる。2階には、マイスターが選んだ器で緑茶を味わうことができる空間もある。玉露もプロが入れると味わいが違うと感動するお店。

銀座5-5-6　03-3571-1211

銀座通りを眺めながら読書タイム

cafeきょうぶんかん

130年近い歴史を持つキリスト教関連書籍も扱う書店教文館の4階にあるカフェは静かな空間が魅力。レトロな雰囲気の窓から中央通りを見下ろすのも楽しい。

中央区銀座4-5-1 教文館ビル4階
03-3561-8708

挑戦者たち

店主のこだわり。
「皆が反対したらホンモノ」という
言葉が銀座にはある。

chapter

9

着物というおとぎ話

銀座いせよし

ginza-iseyoshi

銀座に「それを着ると人が寄ってくる」という伝説の着物があるという。今から100年程前、稲垣稔次郎（いながきとしじろう）という型師（型紙を作る職人）がいて、とんでもないストライプ柄を創り上げげた。人呼んで「揺蕩柄（たゆとうがら）」。知る人ぞ知る秘宝である。「学生時代にこの柄の着物を見て一目で憧れてしまった」という銀座いせよしの美恵女将の着物人生がここから始まる。

パワーを持つ着物

揺れるように波打つストライプは、時に枝分かれして線になったり、また合流して帯になったり常に変化する。配色も、透き通った色を濃くしたり、薄くしたり、ひとつとして留まるところがない。まさに異次元を移動する感覚のパラレルデザインだ。それでいて単純なデザインだからこそ、力がみなぎり生命力にあふれる。そのパワーが人を寄せ付けるというわけだ。
この稲垣型紙を継承するのは日本でたったひとり、最近やっと二人目が育ったという。その年齢を聞けば60歳を過ぎているとか。秘技を用いた手づくりのため、生産数は非常に少ない。
「不思議なんですけど、この柄の着物が出来上がると、かならずそれに似合うお客様がやってくるんですよ」
人が着物を選ぶのではなく、着物が人を選ぶっていう訳か。なんとも魅惑的なおとぎ話みたいだね。

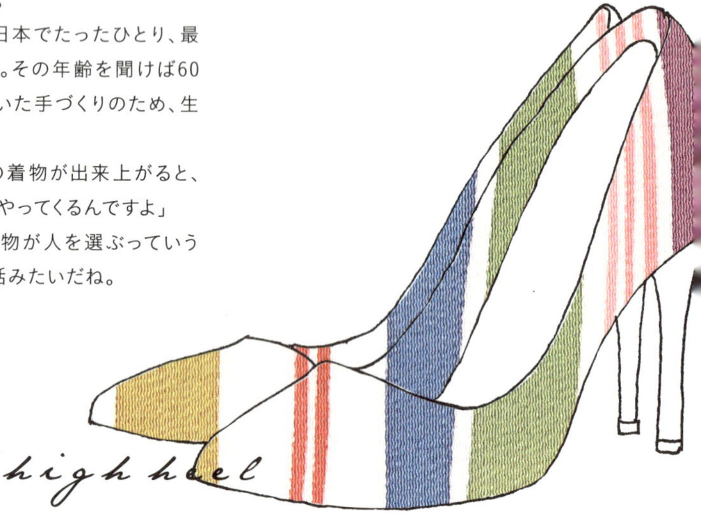

揺蕩柄着物はこんな魔法ももつ

他にも魔法がありそうだ。
「どんな帯でも合うんです。古典柄であるか、モダン柄であるかを一切問わないというのは、着物世界では奇跡に近いことなんです」 そりゃすごい。「着る場所を選ばないんです。小紋なのに訪問着と肩を並べて変身できる。“歌舞伎座の千秋楽で、訪問着の方がでずらりと居並ぶ中、この着物は全くひけをとらないどころか、一際目立っていたのよ”とお客様のお話し。普段着としても着られ、格の高い場でもひけをとらない着物は他にはありませんね」
これだけの奇跡が宿っている柄を身に纏ったら、さぞかし夢心地を味わえそうだ。
さて、これから女将が「着物でスタイルを変える」おとぎ話を聞かせてくれるという。着物でどんなことができるんだろう、楽しみだなぁ。

brand new

女性を美しくみせる「ラブリー」

「日本文化を伝える着物には、女性を美しく見せるかずかずの魔法が潜んでいます」と女将はいう。作るときに大切にしていることは何ですか？ 「女性の魅力を引き出す“ラブリー感”です。いくつの年齢の方であっても、ラブリーなものを着ると可愛らしさが浮かび上がります。日本らしい伝統とか昔からの技法を守りながら、素材の上質感の上に、ちょっとすきのあるラブリーをのせる。どうしても女性って、だんだん強くなるでしょ(笑)。現代では、着物を着ている人は特別な人のようになりがちなので、そこを崩して親しみやすくすることを心がけての着物作り、アレンジのアドバイスをしています」 全国の伝統的な職人技術を掘り起こし、着物と現代女性たちの望みを結びつけることができる達人でもある。

大福バッグ

和の要素を洋服に取り入れる女性が増えている。女将が発案した「大福袋」は、帯地を使って洋服にも着物にも合うバッグができないかと工夫してたどり着いたデザイン。軽くて、丈夫で、型くずれがない。ラブリーさが受け大ヒット、注文しても出来上がり待ち状態だ。

半幅帯のストール

まっ白なシャツブラウスに、和風文様のストール。なんとも斬新だとスーツ姿の女性が手に取る。これは帯を縦半分にした半幅帯から作ったストールで、2/1仕様は10500円、1/3仕様は8400円と手頃だ。男性にも人気で、季節の変わり目に雨コートの下に着たり、寒さよけにもなる。オレンジ色のストールを、外国のミュージシャンに贈ったらとてもクールだと喜ばれたというお客様もいた。

銀座いせよしの宝物

創業明治元年の伊勢由の娘ながらも、「若い発想で呉服屋の敷居を下げる」という試みで始めた、5代目美恵女将の店である。デザインをするDNAは木画師・仏師であった木内喜八・半古・省古（写真、三人展の展覧会図録）というものづくりの祖先からくる。喜八はペリー来航の際に幕府の命を受けて、六連発銃を作った人物である。博物館入りする作家が伊勢由の帯留め、かんざしを製作し当時大変な評判になったという。喜八作の桃太郎の小箱は、女将にとっての宝物、中央図版の「牡丹唐草」を店のロゴとしている。

baton touch

着物がよみがえる

着物を着なくなって、タンスの奥にしまいっ放しいう話をよく聞く。着物を次世代に活かして日本文化を楽しむ方法がないのだろうか。

日本式の行事で

「結婚してから一度も着なくなった着物を、子どもの七五三で着るという方は結構います。日本の季節行事を節目として、子どもが3歳になったり、5歳になった時に、ご自分のおしゃれを思い出す。ご家族でそろって子どもの着物などを選んでいるうちに、日本式の魅力にもう一度目覚める女性も多い。奥様がもう一度きれいになるきっかけになっているようです」

金粉で着物再生

「お母様が成人式で着た着物をお嬢様に着せたいから見てくださいというご相談がありました。20年放置したので汚れや染みの飛びが全体に広がってしまっている。汚れを取れないかとクリーニングの見積をとったところ、相当の金額になるといわれたという。そこで、いせよしでは、頼りにしている職人と相談して、洗って汚れを落とすのではなく、金粉を蒔いて柄を附ける方法を提案しました。もともとは鶸（ひわ）色（黄緑）の地に総柄のデザインなので、その柄を崩さないように全体に金粉を蒔いたところ、まったく染みが見えなくなった。『わぁ、新しい着物になっちゃった』と喜ばれて、もともと買われたおばあ様は涙を流して感激されたとお聞きしました」着物は素材がしっかりしているので、いろいろな技法を工夫すれば、甦ることが可能だという。とっても心があたたまるいい話だなぁ。

let' start

自分にほれぼれ

今まで一度も着物を着たことがなかった男性20人が、はじめて着物で舞台に立つという。ことのはじまりは、邦楽はもちろん、日本の伝統文化に縁の薄かった企業の社長、幹部の方が手習いする一中節の発表会。着物が人を変える感動にふれた一部始終をうかがった。

素人さんをプロデュース

素人20人、どんな着物の選び方？
「お弟子さんは、40代から70代まで着物を一回も着たことがありません、という方ばかり。そういう方でも使いやすいように、正絹から洗えるものまで、しかもステージで映える着物ということは外さず、それぞれのご希望に合わせた値段設定で揃えたんです」
しつらえる過程も楽しそう。
「着物の色は全員お揃い、黒紋付に一中節の袴姿。白生地から何度も色を重ねたので、深くてコクのある黒になりました。紋はご本人の希望を取り入れて、流行のピースマークにしたり、裏地を真っ赤にしたり、草履の鼻緒の色に凝ったり（正式には畳表）。普通は羽織紐は白ですが、それを赤やピンクにしたりと、着物アクセサリーで遊びました」

一中節《いっちゅうぶし》とは？

元禄時代に京都に始まり、文化文政の頃江戸の富裕層（大店の大旦那達）に特に好まれた古曲。創始者は、初代都一中（京都の僧侶）。一中節の精神性の高さと上品さが多くの文化人を魅了し、特に大店の大旦那の自宅や別荘での個人的な鑑賞会が開かれ普及した。現在では、一中節宗家十二世一中として、都一中氏が国内外で精力的に演奏活動を行っている。

日本男子は着物が似合う？

どんな人でも、似合うのかな、着物って？
「小柄な方、痩せた方、"自分は絶対似合わない"(笑)って言い張る方もいらしたんですが、着てみたらすごく似合って、自分に惚れ惚れ(笑)。特に奥様方が、旦那さんがあんまりかっこう良くなってしまってビックリだと大喜び。そのまま料亭にみんなで遊びに行ったりして、いつもの自分から解放されて大盛り上がりでした」
着物はモテるんだなぁ。
「時代が変わっても日本男子の伝統の着物だからステキなんです。着物は身体の筋がまっすぐ伸びるところが魅力です。おはしょりを右手で持ち、左手を伸ばすと背筋が伸びて、全員のポーズが揃う。洋服に比べて着物だと姿勢直しもなく、一瞬に決まるといいますから、まさに着物の魔法ですね」

I want to be

なりたい!をプロデュース

着物の魅力を体験するには、着る場面をできるだけ多くつくること。ところで女性ってどんな望みをもっているんだろう。その望みを銀座でどうやったらかなえられるか、美恵女将が指南してくれます。

姫になりたい！

と思われる女性は多いはず。高級レストランで食事。銀座には1つ星レストランはじめ世界に名だたるお店が目白押し。気取った場所でも、着物なら間違いなく「格上の女性」として扱われます。一度着物でレストランや料亭にいってみてください。まずは体験こそが着物ライフへの第一歩です。

役者になりたい！

銀座中央通りは土・日が歩行者天国。そこを着物で闊歩すればまるでステージに立つ役者にでもなったような爽快感があります。歌舞伎に着物で出かけるのは和のエンターテインメントだからという理由だけではありません。「自分も役者」になったつもりで、舞台を盛り上げる。この心意気こそが銀座流。着物もきりっと着こなすオンナの生き方スタイルです。

まったく違う自分を発見したい！

BARでバーテンと語らう、日常と違う自分になって誰かと会話を愉しみたい。そんな女子にとって、銀座の名バーテンダーたちは魅力的な会話相手。紳士であり、教養とセンスをそなえたバーテンダーの言葉は銀座文化そのもの。着物を着て語らうと一目置かれて、大人の会話力も身につきそう。

姿勢を直したい！

銀座には大きなガラス張りウインドウがいっぱい。そこに自分の着物姿を映してみると、すらっと背筋の伸びたクールな自分が浮かび上がってびっくりします。帯が背中を支えてくれてストレッチ状態になることも理由の一つですが、やはり大切なのは気持ち。「わたしを観て！」という気持ちが、姿勢と笑顔に現れます。特に、銀座は画廊の街。アート文化豊かな画廊をゆっくりとめぐり、店主らと語らうのも教養の背筋を伸ばすのに最高の時間。着物はどこにでもだれにでも物怖じせずに飛び込める魔法の衣装になるでしょう。

【銀座いせよし】住所:銀座8-10-3 銀座三鈴ビル6F　電話:03-6228-5875　営業時間:月・水曜13:30〜19:00、火・木・金曜11:30〜19:00、土曜11:30〜18:00　要、電話予約。　定休日:日曜・祝日　アクセス:東京メトロ銀座駅徒歩8分　　http://www.iseyoshi.com

chapter 10

魔法のひとたれ

銀座 三河屋

ginza mikawaya

手のひらに数滴のせて口に含んでみると、強い匂いも辛味もない。春の畑のようなのんびりとのどかで懐かしい味だなあ。ところが、これを一滴、調味前の料理にかけてみよう。うまい！味の革命といってもいい。この魔法のひとたれは、他の調味料といったいどこが違うんだ。

edo style

味を引き出す黒子

忘れられた日本古来の味

煎酒は、明治時代に西洋料理や中華料理がどんどん入って、日本人の食生活が大きく変わるなかで忘れられてしまったという。なぜだろう。それは、調味料という考え方そのものの変化だったのかもしれない。

調味料というと、煮るなり炒めるなりした素材に、辛くするとか甘くするとか、最終仕上げをする味付け材というイメージがある。だけど日本料理古来の考え方はちょっと違う。料理とは季節季節の素材本来の味を楽しむもの、という考え方だ。煎酒という醤油に似た一品は、ひたすら主役の素材の味を引き出す黒子のような調味料だ。

これを江戸の製法そのままに復元したのが銀座三河屋の「煎酒」。刺身もおひたしも冷奴もなんでもいける。そうかほんとに美味しいってこういうことか、と頭が逆転する魔法のひとたれ。

煎酒ってお酒なの？

「もともとは日本酒に南紅梅と鰹節を入れて煮詰めたもので、上方では平安時代から調味料としてよく使われてきた。東国ではしょっぱいものを好んだから、千葉県の野田産でよく知られる醤油のようにしょっぱく味付けして醤油と呼んだんだ。東京に関西の料亭が増え庶民の舌が肥えてきた昭和初期になって、しょっぱく味付けていない本来の煎酒を再発見したってわけ。“こんなにうめぇものがあるのか”って驚いたね」（銀座・三河屋会長の中村博氏）

collaboration

江戸料理専門家とのコラボ

日本食の原点は

ヘルシー

忙しくて何かとストレスの多い現代人は、栄養摂取のコントロールがしにくく、生活習慣病の心配に悩まされている。自然そのものを使って一手間かけた食事が当たり前だった江戸人のライフスタイルは、日本人ならではのヘルシーな生活をとりもどすためのお手本になるのではないだろうか。社長の神谷修氏は、「煎酒」だけでなく、日本の食事の主役である「ご飯」を美味しく食するための食品「味噌汁」「漬け物」「常備菜」を伝統食卓の基本要素と考えた。江戸料理の専門家 福田浩氏（なべ家）に協力を求め、研究を重ねて商品化、銀座三河屋は、江戸食のセレクトショップとして成功している。

何を扱っても

屋号は変えない

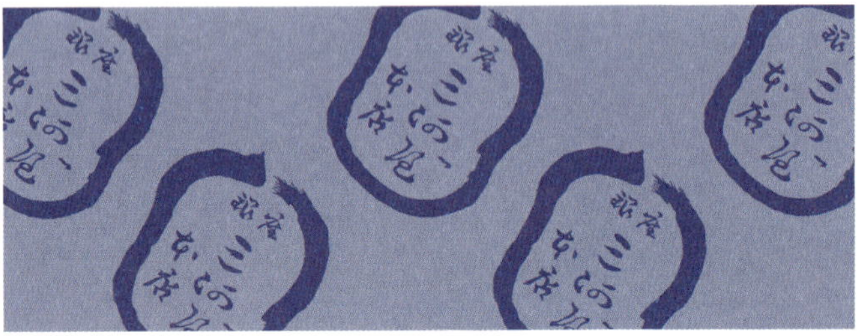

現在は日本の伝統食の雄、江戸食に注目しセレクトショップとして時代の先端を走る銀座・三河屋。江戸（汐留付近）に開業したのは元禄元年。昔は糸屋で、その次は和装小物専門店、時代が変わり洋服も扱った。何を扱っても「三河屋」という屋号は変えないというのは、代々三河屋店主が引き継いできたDNAともいえる。信用が一番大事、これが信条。状況と情報をよく見極めて決断する変幻自在の商売感覚は、銀座の長老である三河屋会長・中村博氏の得意とするところだ。

line up

江戸気分があじわえる! なふ

これが江戸時代のお膳なんだね。雰囲気があるな〜。「日本の時代劇の食事場面によく出てくるお膳。映画などで、時代考証を任せられるなべ家のご主人に教えてもらいながら、日々、江戸食再現に挑戦してますよ」

EDO SHOKUTAKU

煮ぬき汁

現代日本で流行のつけめんのタレと同じだ。もとを辿れば江戸時代、蕎麦は根強い人気のあったファーストフードさ。江戸中期に「醤油味の麺つゆ」が普及する前まで、江戸っ子たちは「味噌つゆで食べる蕎麦」をもてはやした。忠実に再現した江戸麺つゆ＝煮ぬき汁は、ほのかな甘みとまろやかな旨みで、日本人のルーツを感じるねぇ。麺専用つけ汁だけど、しゃぶしゃぶとか焼き肉のたれ、味噌鍋とかに合いますよ。夏は、何たってうどん。江戸風でうまいよ。だしは貝汁という贅沢品だから、一度食べるとやみつきになりますな。

江戸練酒

〜♪

うへさに 人のうちかづく
ねりぬき酒のしわざかや
あち　よろり
こち　よろ　よろ
腰のたたぬは
あの人の　ゆへよ　なふ
〜閑吟集(1518)〜

毎晩食前酒にちょいと、一杯が楽しみでねぇ。白いけど白酒とおなじものかな？
『江戸総鹿子新造大全』(江戸期刊)によると、ねり酒は「米ともち米を乳酸発酵させた後、水と米と麹を加えて再発酵させ、少量の清酒を加えて臼で挽き、ていねいに絹の布でこしてできた」白酒のこと。それを簡略化した製法をもとに、江戸本所表町金屋長右衛門という人物が、生み出した江戸で人気のお酒だよ。

江戸たくわん

ぽりぽり、うわっ! きもちいい歯応え。いい香り。
これこそ、本物。半年間樽に寝かせて再現したんだよ。干して塩に漬けるので、腐らないから、いわゆる非常食。生粋の江戸物で関西にはない代物ですよ。江戸っ子って、こういう風味豊かなたくわんを食べてたんだね〜なんて、思いめぐらしていただきます。

貝汁

いろんな江戸時代の製法を勉強して、それもミックスして完成させた味噌汁。あさりとしじみと合味噌。これがよくダシが出ている。シジミは特に一杯飲んだあとに、肝臓にいいねぇ。非常食にもいいって、大勢買っていってくれますよ。

history

400年老舗が続いた理由

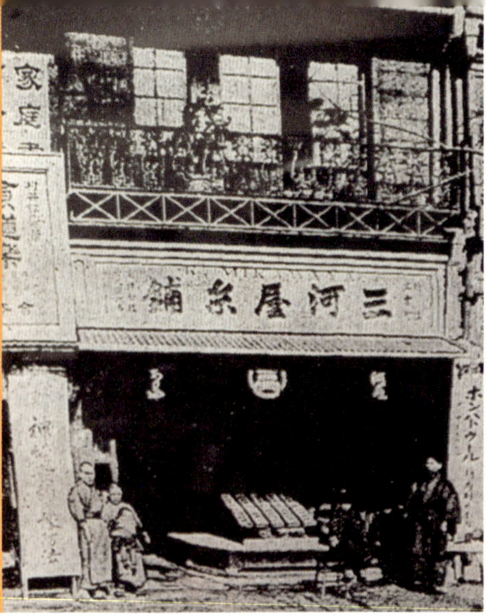

江戸上りから 酒屋、油屋、糸屋

三河国岡崎から江戸に出てきたのが元禄元年。上方から江戸に物資を運ぶ海運の水夫は知多半島の先島から出たんだけど、酒も灘からぜんぶ運んだ。国元のつてで東海道筋の汐留あたりに酒屋を開いた。だけど家系は呑ん兵衛ばかりで身代（しんだい）がもたない。てんで油屋に転業したのち、慶応3年に出雲町（現在の銀座8丁目三菱銀行）で手芸品や紹刺を大名に納める御用商人となった。

明治5年の大火で銀座が焼け野原になった翌年、政府はロンドンのリージェントストリートにまねて今の銀座通りを造り煉瓦街にした。うちは行くとこないからタダで、現在の資生堂パーラーのある角から二軒目に入れたから、運が良かった。明治10年には、組紐の卸問屋も兼ね帯締め、羽織紐を製造した。

大正10年頃から海軍の御用商人になって、横須賀の海軍にロープを納めた。大正12年の関東大震災のときに、領事館から買い付けた当時の金で5万円分の毛糸の在庫が全部焼けて莫大な損害を被った。しかし、同年11月にはもうバラックを建て関西から商品を仕入れて商売を再開していた。

糸屋は昭和18年に統制がはじまるときっぱり止めた。終戦直後はなんにも売るものがない。商社からの配給の生地を取りっこして並べるとすぐ売れて莫大な儲けになるんだけど、三河屋は看板があるから悪どいことはしなかった。

糸屋から 和装小物

女学校も裁縫を教えないと成り立たなかった時代。当時縫い糸は必需品だったから、商売の目のつけどころは良かった。有閑マダムは紹刺しの糸から財布やハンドバックを作った。その糸を初めて扱い宮内庁にも納めた。毛糸は英国の商事館から仕入れたが、これも日本で取り扱いは第一番。

当時サヱグサさん（現・子供服専門店）は領事館の婦人に手芸品の作り方を広めたが、うちでは毛糸でセーターやマフラーの編み方を教えて広めた。

和装から 洋服

戦後は昭和26年ごろからから和装に力を入れはじ

め、帯締め、羽織紐、帯上、半襟、肌着、裾よけ、日常に使う帯や風呂敷などを扱った。

だけど着物は冠婚葬祭やお茶、お花などめったにしか着ない時代になっていく。和装だけでなく、一般庶民が買えるファッションジュエリーも扱い、全国に30店舗ぐらい広げた。昭和45年ごろから既製服が売れ出し、昭和60年ごろに洋装一本にしぼった。そこまではどんどん売上を伸ばせたが平成の御代になってからことごとく苦戦するようになる。洋装は競争が激しく流行も変わる。和装は流行がほとんどないけど洋装はまな板の魚のようにすぐ腐っちゃう。去年のものが売れない。

切り替え上手が
商売上手

そこで甥っ子(銀座三河屋社長・神谷修氏)に相談したら、江戸食のスローフードがいいというので、まず始めたのが煎酒。それが成功し味噌汁をはじめさまざまな江戸の食品を復元し製造販売するようになった。

発想は転換と決断が必要。もうだめだと思ったらぱっとやめなくちゃダメ。女性だって追いかければ追いかけるほど逃げるでしょ。

そして常に情報に敏感になること。よく見て歩くこと。情報を軽く見たから日本は戦争に負けた。ぼくは戦いは5分で決まることを軍隊で学んだ。ナポレオンはワーテルローの戦いで信頼する砲兵隊の到着が5分遅れたためにウエリントンから先制攻撃を受けて負けた。商売も端的に言えば5分の決断が勝敗を決するんだ。

銀座大旦那衆「くらま会」

“天狗鼻”が一堂に

中村博氏は銀座旦那衆の文化サークル(日本の古典歌曲の発表会)くらま会の中心メンバー。河東節から習い始め、小唄、長唄と続けて25年になる。この間、清元、浄瑠璃など一通りたしなんできた。入会のきっかけは、英国屋の小林社長(当時)に「くらま会に入らないか」と誘われたことから。在籍では、相模屋美術店会長原田吉蔵氏の58年に継ぐ、38年で押しも押されもしない銀座大旦那の代表である。中村氏は浄瑠璃を家元(清之栄之介)まで習いに行ったりした。第1回のくらま会は大正7・8年頃。新橋の見番や帝国ホテルの宴会場を会場にしたこともあったが、現在は新橋演舞場で開催する。「オレが一番、鼻高々(天狗の鼻のように)の銀座の自信家たちの集まり」という意味で「くらま会」と名付けられた。金田中の先代ご店主・岡副さんが初代会長を努め、資生堂元会長・福原義春氏、小坂ビルオーナー・小坂敬社長(現くらま会会長)と会長のバトンを渡してきた。京都「鞍馬寺」の門前には「銀座くらま会」の額が掲げられている。

【銀座三河屋】 住所:銀座8-8-18　電話:03-3571-0136　営業時間:11:00～20:00　定休日:日曜・祝日
アクセス:東京メトロ銀座駅徒歩5分　http://www.ginza-mikawaya.jp

chapter 11

ミューズの羽衣

銀座もとじ

ginza-motoji

女子も憧れる羽衣を男子も着てみんとて……。軽くて、つややか、さらにハリがあって強い。かつてない着心地の着物。その名は「プラチナボーイ」。
プラチナボーイは、光沢があってしなやかで、軽やかな着心地の絹。その生糸は、オスだけの蚕から生まれる。この開発の仕掛け人は、銀座もとじご店主。絹糸の国産率が5％以下に落ち込み、日本の養蚕農家が次々と消えていく現状をなんとかしたい、という強い気持ちから取り組んだという。
メスよりも圧倒的に品質の高い生糸を生み出すオスの蚕だけを孵化させる研究に37年没頭した大沼昭夫農学博士と共に、その後7年実用化に向けて全国蚕糸試験場や養蚕農家を訪ね歩いてプロジェクトチームを創り上げた。

背景のプラチナボーイ(男性単衣仕立て)久米島紬
「たて長小格子 こげ茶×白」(草木染:車輪梅)(広巾)
糸:信州　染織:久米島

銀座の
柳で染める

プラチナボーイの銀座の柳染めは、柳の深い緑と糸の輝きと光沢の美しい着物。着て街を歩くと通りすがりの人が「ちょっと触らせて」と声をかけたくなってしまうほどのツヤとハリをもつ。

銀座では年に一度、銀座柳通りや外堀通りの柳が剪定される。この枝と葉を染め師のもとに送り、プラチナボーイの糸に染める。

[illegible]に触れた時に感動し、身に纏ったときには羽衣を身につけたような心持ちをおぼえるかつてない着心地の着物が銀座に生まれた。

創る連携

銀座もとじの呉服商いってどこが違うの?「お客様に本当に満足していただくには、自分の目で見て、自分の耳で聞いて、自分の手で触ったものを自分の言葉で伝えなければなりません」(泉二弘明社長)。それで全国の生産者、織元などを精力的に回って、チームをつくったんですね。養蚕農家から仕立師までの5工程を説明しましょう。

温度は万全

養蚕

孵化したカイコは桑を食べ始めます。はじめは栄養価の高い桑の新芽を与えます。4回の脱皮を繰り返し、最後に猛烈に桑を食べたあと、糸を吐き出します。孵化してから25日後。糸を吐く準備のできた蚕を枠に移します。繭が出来上がるまで、温度、湿度の管理で、夜も気を抜けない。

1

つややかに

染める

柳を煮だした染め液に浸し、媒染剤によって色の幅を出していきます。葉を煎じた液に浸して、その後媒染剤に浸けては干すを何度も繰り返し、色を定着させていきます。染めてから反物になるまで数年かかる場合もあります。銀座の柳は、驚くほどつややかないい色を出します。

3

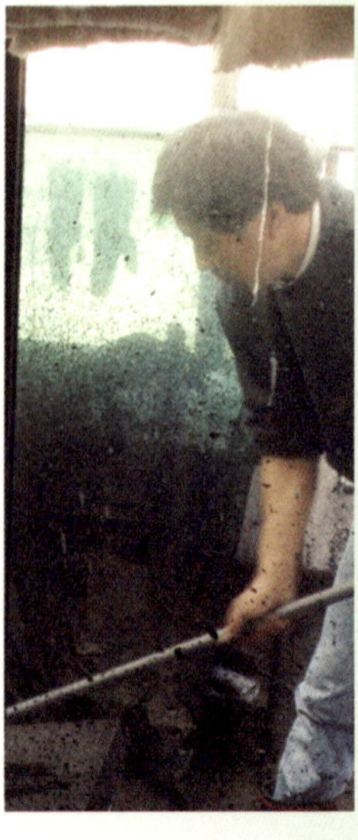

夢の色

織る

スットンカーン。何百年も家の中に響いているいい音です。プラチナボーイの糸はすごく丈夫。腰をしっかりつっぱらないと負けてしまいます。カイコの命を一本一本心を込めて織れば、いつまでも長く着られる丈夫で軽やかな反物が織り上がります。

4

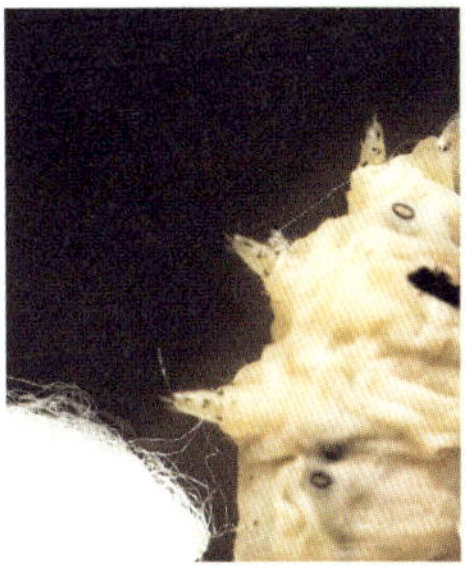

糸の命

紡ぐ

軸に袋真綿を一枚づつ巻きつけて、そこから少しずつ繭糸を引き出していきます。絹鳴りの音が響きます。よりはかけず、繭糸の量を調整しながらつまむと、手の中で一定の太さの糸になっていきます。プラチナボーイは他の繭より強くて指が切れることもあります。

真綿づくり
木桶に湯を張り、繭を煮ます。繭の真ん中から親指を入れ中のさなぎを取り除き、徐々に指を入れてやや長方形に広げます。それを何枚か重ねたあと、陰干ししていねいに形を整えて袋真綿になります。生繭100%の「生掛け」は極上です。

着物が身体になじむ

仕立てる

張り、ツヤ、光沢を生かして、なおかつ「着物が身体に馴染む」ようにするためは、着る人の寸法に合ったものに仕立てることが大切です。着る人をイメージし、最善な裁断、そして縫いを施します。唯一無二の柳染めの反物を仕立てる時、「ハサミを入れる瞬間」は緊張し、勇気のいる第一歩です。

もとじがプロデュースしたプラチナボーイの反物には、「糸」「織」「染」の担当者の名が連ねてあります。熱意、根気、誇りと責任を込めた作り手たちの声が聞こえてきそうだ。(写真下)

self-made person

無からはじめた夢紡ぎ一筋

かたみ 1

昭和24年、奄美大島生まれ。中学、高校と陸上競技に没頭した。大学進学で 奄美を出る時、母親がさりげなく父親の形見の大島紬を柳行李の奥に入れていてくれた。大学入学間もなく、怪我で陸上の道を断たれ夢を失った。そのとき、大島紬を初めて羽織った。「死んだおやじに、これで生きろと言われた気がして、よし、自分は着物で身を立てようと決心した」

修行 2

21歳の若者は、日本橋の呉服屋で丁稚奉公からはじめた。着物のきの字も知らなかったが、やるからには30歳には独立。銀座で一国一城のあるじになりたいと決意していた。

開店準備 3

ちり紙交換をして、独立資金を一年で300万円貯めようと思った。秤を導入してお客の不平不満を解消した。そこでお得意さんができた。「あなた真面目だね。私、町内会の人集めてくる」と言われ、毎月決めた日に行くようになると、仕事の効率も格段に上がった。次に別の地域を紹介してもらうことができた。「お客様の不満をどう解決するか、お客様の立場に立ってものを考える、ということが今でも私の商売の原点になっています」

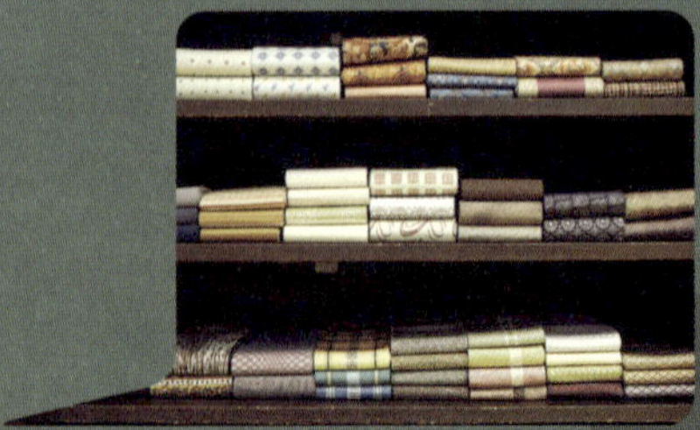

カルテ 4

呉服屋を始めるためのもう一つの準備があった。着物を買っていただくための人脈をつくろう。そこで縁あって医師会の協同組合で一年働いた。病院にはカルテがある。直感がひらめいた。そうだ、顧客管理にはカルテだ！「30万円40万円の商品を買っていただきながら、また来店されたとき、「何を買っていただきましたか？」というのは大変失礼。感謝は口では言えるけど、形にしなければなりません。着物カルテは、30年続けてきたうちの店の原動力であり財産です」

事務所開設 5

31歳のとき目標を実現した。並木通りに面したビルの一室には、貸し机と貸し電話だけしかなかった。問屋から反物を借り、訪問販売をした。

息子のひとこと 6

「着物は何からできているの？」息子の啓太さんが小5の時、何気なく口にした一言に目がさめた。自分が見たことのない物をどうしてお客に納得させることができるんだ。蚕糸試験所から5000頭の蚕をわけてもらい、店の中で飼ってみた。その間2週間は店を閉めた。この体験は、「作り手の顔の見えるものをお客様に届けなければならない」という経営哲学を培った。

店舗はメディアである 7

本物を輝かせるためには、それにふさわしい器が必要と、木と石と紙というテーマで店作りを考えた。2000年、女性の織の着物専門店「和織」を銀座4丁目に開店した。紬ブームに発火点となった。2002年、「男のきもの」を開店。周囲からは無理だよという声もあったが、「国際交流が進めば進むほど、男の着物は自己表現の最大の武器になる。だからビジネスチャンス」という信念を貫いた。その後、カルロス・ゴーン氏が「銀座もとじ」のきものを着て、自著『経営を語る』(日本経済新聞社刊)の表紙を飾った。今では売上の4割が「男のきもの」になった。

プラチナボーイ 8

研究者が37年かけて見つけた蚕のオスだけが孵化するしくみ。この繭プラチナボーイの商品を、糸、織、染などの製作者のネットワークで創りだすシステムをプロデュースした。

株式会社 銀座もとじ 経営理念

「新しい時代の新しい着物店」を目指して

一、お客様の立場に立って考える

私たちは、常にお客様の視点に立ち返り、
心に届くサービスをご提供していきます。
私たちは、お客様に最大の満足をお届けできるよう努力いたします。

一、お客様の信頼を得る

私たちは、どんな小さな約束も、必ず守ることを誓います。
私たちは、どんなお客様のご要望も、
必ず形にしていくよう努力いたします。
私たちは、着物を愛する心を届け、最高の信頼の絆を築きます。

一、つくり手への深い感謝

私たちは、つくり手への深い感謝なくして、
銀座もとじの存在は語れません。
私たちは、その思いを常に心に刻みつつ、
お客様に商品・サービスをお届けします。
私たちは、そうした両者を結び合い、
願いと心をお届けするお手伝いをいたします。

一、夢をかたちに

私たちは、なりたいと思う人にしかなれません。
私たちは、わずかな縁にも自ら気付き、活かす努力を惜しみません。
私たち、銀座もとじは、夢をかたちにするために、
常に新たな挑戦を続けます。

men' s kimono

軽やかに男の着物ノート

これまでの着物の概念を大きく変える、"超軽量着物"をプラチナボーイで作ってみましょう。着物が出来上がったら、次は「楽しい着物」の遊び方の世界が待っています。

【海外編】外国で「着物」を着る

海外のレストランに洋服で訪れると、隅の席に案内されてがっかりしたという体験を持つ方も多いことでしょう。着物はそんな時に「男の格を上げる」プラチナチケットになります。なかなか洋服で個性や格を上げて目立つことが難しい日本人。ここはひとつ着物で「ザ・ジャパン」を身に纏う愉しみ方にシフトしてみてはどうでしょう。そうそう、海外と同じくらい着物を重んじてくれるのが銀座という街。この街で着物レッスンもいいですね。

【ビギナー編】着物の始め方

着物は、「着物にふさわしい自分になろう」とするので人間磨き、男磨きのツールとしても最適。スタートは、着崩れがしにくい紬からはじめるのがベスト。仕立て上がるまでに3週間。その期間をつかって、自宅で毎日浴衣で生活してみることでビギナーレッスンになります。最初は袖に醤油差しをひっかけたりしますが、着物ができあがる頃になると、袂を自然におさえる所作が身についていくから不思議です。

【着くずし編】上級者

男の着こなしは角帯一本で決まります。帯はへその下まで落とすことがポイント。真横から見ると前下がり後ろ上がりにした状態が格好いいのです。帯結びと所作を繰り返しながら、着物ビギナーから5年がたって、「着物の着くずし」ができるようになると、もう上級者です。襟元などに少しゆとりを持たせた着方を「着くずし」といいます。「きちんと着る」から「少し抜いて着る」へ。まさに大人の男への第一歩。

【 裏勝り編 】男の遊び

江戸時代、緊縮財政の背景もあり、着物柄は実に質素な色合いを選ぶことが求められました。そんな時代でもお洒落な男たちは、長襦袢や羽織の裏地に派手でポップな色を使うことで、おしゃれを楽しんでいました。それらを「裏勝り」なんて呼んだんですね。なかなか粋な呼び名です。着物ビギナーから脱して次なる楽しみは「自分流の裏勝りをつくる」こと。「美を隠し、おどろかす」日本文化ならではの表現法でしょう。

イタリアのファッションブランド「エトロ」が生み出すペイズリー柄(写真左)を裏勝りにした、銀座もとじならではのコラボレート。羽織が裏返る度にタペストリー風の素材感と日本の絹が絶妙な高級感をもたらす。歌舞伎十八番「暫」(写真中)や江戸の古地図(写真右)の裏勝り。見えないところにこだわる究極のおしゃれだ。

【銀座もとじ 和織(女性の織専門店)/銀座もとじ 和染(女性の染専門店)/銀座もとじ ぎゃらりー泉】
住所:銀座4-8-12　電話:03-3538-7878(和織)　03-3535-3888(和染)　03-5524-0071(ぎゃらりー泉)
【銀座もとじ 男のきもの】住所:銀座3-8-15　電話番号:03-5524-7472
【銀座もとじ 大島紬】住所:銀座3-8-16　電話番号:03-3535-3871
営業時間:11:00～19:00　定休日:年末年始を除き無休　アクセス:東京メトロ銀座駅徒歩3分
http://www.motoji.co.jp

episode 6 ／ おもてなしSTREET

銀座の空は大きい。
銀座中央通りの真ん中に立って、
空を見上げると実感する。
これは、ビルの高さを56メートルに制限して、
ヒューマンスケールを守るという
街づくりをしているからなんだ。

銀座を訪れた人々が楽しく快適に過ごせる仕掛は、
これだけじゃない。

銀座中央通りの街路灯、その中のLEDには
セラミックメタルハライドランプという
肌の色を美しく魅せる演色効果の
高い物が使われているんだって。
デートの待ち合わせは、街路灯の下がいいね。

中央通りの舗道は、パンプスの高いヒールでも
溝にひっかからないようにと、
敷石のつなぎ目の溝を浅くしている。
どんな靴のおしゃれにも対応、
安心して歩ける。

外階段のあるビルに上がって
銀座通りを眺めると、
ほら、傘の花がキレイに咲いてるでしょ。
ゆったり傘を広げられる
舗道の広さが嬉しいね。

それから、銀座のランドマーク・和光時計台の
ベストショットは、街の列柱ラインが見える角度。
銀座5丁目GINZA ALLEY路地から
出たところでパシャッ!

色々なところに、
訪れた人々を楽しませる秘密がいっぱい。
日本ではこういうのを、
「おもてなし」って言う。

伝統のなかの
知恵者たち

ずっと続けてみたくなる
こと見つけた。

chapter 12

甦る浮世絵

渡邊木版美術画舗

watanabe-mokuhan-bijutsugaho

銀座8丁目、世界一美しい並木道と称される並木通り沿いに渡邊木版美術画舗はある。店の脇には、謂われのある「出世街道」が芸者衆の集まる見番通りに伸びる。明治42年（1909年）創業の浮世絵専門の老舗が、世界へと浮世絵文化を発信し続けている。所狭しと浮世絵や新版画が並ぶ店内の7階には、摺師の工房があり、二人の若い職人が浮世絵の復刻や新版画の制作に取り組み、技を磨いている。渡邊章一郎店主曰く「今、浮世絵など版画の世界では、仕事の需要はあるのに、職人が足りないという状況に直面しています。特に彫師は、東京に10人しかいません。職人を育てるのに10年はかかりますから、彫師はひっぱりだこ。情熱ある若手摺師、彫師を育てることが、浮世絵文化をこれからも広げていくためにもっとも大切な課題です」

succession

職人技の継承

なんて綺麗なブルーなんだろう！ 北斎ブルー、広重ブルー、巴水ブルー、現代にときめくジャパンブルーの発祥は浮世絵だって知ってた？

なぜブームに？

江戸時代前期、徳川幕府によって政治が安定し、余裕ができた町衆たちによって町民文化の花が開いた。黄表紙や洒落本などの絵入り本が全盛期を迎える頃、浮世絵は一枚刷りで廉価の手軽さが受けて、美人画、役者絵などが大ヒット。
ところが、ブームは去るもので、明治期後半になると日本国内では見向きもされなくなり、人々は畳の下の湿気取りに使う始末。浮世絵に価値を見出さない時代を迎えた。ではなぜ、浮世絵はよみがえったのだろう。

その立役者であり、仕掛け人の老舗版画店のご店主がそのドラマを語ってくれた。

海外で火がつく

浮世絵って、海外にすごい影響を与えたんだよね。「明治維新の直前にパリ万博があって、江戸幕府が出展した中に何万点もの浮世絵があった。それをすべて売り切ったものだから、印象派の絵画に多大な影響を与えるなど海外で一大ブームになったんだよ」
一大ブーム？ 「西洋では遠近法と実物そっくりの写実が当たり前になっている時代、浮世絵はどうだい？ 西洋絵画にはない鮮烈な色彩とシャープな線描によって迫力満点の世界を創りだしている。これは衝撃だったろうね」

消滅への危機感

「海外で人気が出た浮世絵だけど、日本の輸出用在庫の枯渇に危機感を持った渡邊版画店初代が、彫師や摺師の技術を守るために、浮世絵の復刻制作に取り組むとともに、浮世絵を広く輸出することのできるシステムを作った。」 そうか、復刻版なら欲しい浮世絵が手に入るし、国内外問わず普及しやすい。日本伝統工芸の職人の技も失われないしね。

売れることが技術継承

「大切なことは、お客様が望む浮世絵を提供することが、浮世絵技術を守ることになる。浮世絵には様々なジャンルがありますが、日本はベールに包まれた不思議な国、ジパング、黄金で豊かというイメージがあるので、美人画、役者絵、風景画、花鳥画の4本にしぼって制作した。外国人から見た理想の日本を描いたわけです」

人気の色がありそうだね？「北斎のプルシャンブルー。本能的にヨーロッパの人々は教会壁画のバックにも使われている青にやすらぎを感じるのでしょう。日本でも青を多用すると売れます。癒し、救済といった気持ちになる色なのだと思います。それが広重ブルー、巴水ブルーなどジャパンブルーにつながったのではないでしょうか」

その後浮世絵が発展して、伊東深水や川瀬巴水など新版画の巨匠が生まれたり、現代のアニメーションにつながっていくんだね。その影には、いつも浮世絵プロデューサーのチカラが存在していたんだ。

discover japan

いま、日本発見

ここ十年くらい、川瀬巴水《かわせはすい》が人気だ。面白いもので、昭和の初めには時代錯誤と評された作品に描かれた風景が、今は日本の理想の風景になりつつある。

日本は完全に西洋化!?

若い人の反応がすごいの？　「明治期以降、渡邊版画店の利益のすべてを新版画に注ぎ、作家の育成と共に優れた職人を生かすことを渡邊版画店は実験的に進めてきました。川瀬巴水はその代表格の作家です。彼の描く風俗、人物に対して"日本のあるべき姿"ととらえ、うわ～いいですね、とため息する人々が増えている。昔、欧米人が日本の風景にため息した、それと同じ視点で感激しているように思えます。わたくしは浮世絵の趨勢をみるにつけ、最早日本には日本人はいない、日本人は完全に西洋化したと思っています。これからの商いでは、日本人すべて外国人だと頭を切り換える必要がありますね」

巴水の自画像

今大人気の巴水の中で、外国人に勧めたい作品を一つあげるとすれば？

「"上州法師温泉"。これは話題性のある絵なんですよ。JRのフルムーン・キャンペーンでCMにも使われた作品ですが、ひなびた長寿館という温泉の1シーンです。このお湯に浸かる人物は、巴水自身なんですよ。普通なら、若い女性でも描くんでしょうが、自画像を置いたところが巴水らしいですね。彼は現在の新橋五丁目の糸問屋の跡取り息子だったんですが、人見知りがひどく、知らない人とはなかなか口がきけない人物でした。しかし、お酒が入ると落語家のように明るくしゃべる性格だったと聞いています」

precious

鹿鳴館 ろくめいかん

超レアもの「舞踏図」

渡邊版画店のお宝といえば、この作品だ。「貴顕舞踏の略図」3枚組、江戸末期から明治にかけて活躍した揚州周延（ようしゅうちかのぶ）による明治の浮世絵です。鹿鳴館の中で政府高官の夫婦が洋装して手をとってダンスをしている。わたくしどもで貸出しリクエストの最も多い作品です。時代は明治ですからいわゆる江戸の浮世絵とは異なり浮世絵らしくないのですが、実は鹿鳴館でダンスをしている絵というのは、これしかないそうで、非常に価値が高いのです。政府高官が登場人物なので発禁処分になったのか、男女の舞踏シーンが風紀上問題視されたのか、理由はわかりませんが、私の知る限り30年間、売りにでたものを見たのは一度きりでしたよ」

渡邊木版美術画舗ゆかりの作家たち

浮世絵制作には、江戸時代の歌麿や写楽のような浮世絵師が原画を描いて、それを元に彫り師が版木をつくり、摺師が刷りあげるという伝統的なやり方がある。初代渡邊庄三郎は、浮世絵の伝統的な手法を使って、作家の意図を職人に伝えながら仕上げる新版画を復活させた。
庄三郎が浮世絵系の日本画家・鏑木清方（かぶらぎきよかた）を訪ねた際に、紹介され制作を始めたのが清方の弟子である伊東深水（いとうしんすい）だった。その当時18才という若さでありながら、画才を発揮していた深水と協同で完成させたのが、代表作「対鏡」だ。深水は色にこだわり、着物の紅の部分だけでも十数回摺りを重ねたという。その後、近江八景シリーズを新版画で制作している。川瀬巴水はこの深水の風景版画に出合い「自分がやりたいことはこれだ」と申し出てきたという。初代の思い入れもあり、これまでに巴水没後も含め、600点余りの作品を製作したという。

スペクタクル映画

hakugei

kyogei

国芳

時代を pioneer ひらく

江戸に浮世絵の華が開いてから400年。その歴史を背景に渡邊木版美術画舗は、100年を超えて浮世絵商売をして来ました。その中で、浮世絵が及ぼした影響をご紹介しましょう。

歌川国芳（1797-1861）は幕末に三代豊国、広重と人気を三分した浮世絵師ですが、贅沢禁止令が解かれた時代の開放感からダイナミックな浮世絵を創り出します。「宮本武蔵と巨鯨」（写真右）は、剣豪武蔵の桁違いの強さを表現するために描いた浮世絵３枚の大スペクタクル作品です。1956年、グレゴリーペック主演の名作映画「白鯨」のラストシーンで、白鯨が波の中から立ち現れ、エイハブ船長が背中に張り付いて手招きしながら沈んでいくクライマックス。ポスターにもなったこのシーン、国芳浮世絵とそっくりですね。監督のジョン・ヒューストンはこの浮世絵を参考にしたといわれています。鯨を三枚組にこんな風にでかでかと描いた浮世絵師は国芳しかいませんでしたから。そのセンスには脱帽です。

映画「遊星からの物体X」

怪奇映画

mystery

soma no furudairi

国芳

右の浮世絵を見てすぐ気づかれると思いますが、一時代前のハリウッドの怪奇映画、エイリアンとかターミネーターとかを連想しませんか。「相馬の古内裏」は国芳作（1845年）で平将門の娘が討伐された父の恨みを晴らすために、下総相馬の廃屋に妖怪を集めて敵をおびき出し、お家再興のための戦いを描いた浮世絵です。これは文化３年（1806）に出版された山東京伝の読本「善知安方忠義伝（うとうやすかたちゅうぎでん）」を題材にしていますが、原作以上に驚くのは、一体の巨大な骸骨が横３枚のワイド画面を横切るように描かれている奇抜な構図とその骸骨の表情です。不気味さととぼけた愛嬌を盛り込んだ傑作、制作された怪奇映画がこれにインスパイヤーされたことは想像ができます。

【渡邊木版画美術画舗】 住所：銀座8-6-19　電話：03-3571-4684　営業時間：9:30〜19:30　定休日：日曜
アクセス：JR・営団・銀座線新橋駅徒歩4分　http://www.hangasw.com

chapter 13

器からはじめる粋×上品な生活

東哉

to-sai

江戸時代、銀貨職人と工房のこの街に、京都からやってきた金属職人が、婆娑羅で艶っぽさのある気質を持ち込んだ。あでやかな銀を吹いたり加工して変化させる中で、京都の「雅」と江戸の「粋」が融合したという。銀座はこんなDNAを持つのではないかという言い伝えがある。その証ともいえる老舗器商が「東哉」だ。初代が1917年に京都に工房を構えたのが始まりで、77年前に銀座に店を開いた。料亭やミシュラン星の店の板前が、店格をきめる「器選び」にこぞって足を運ぶ名店だ。銀座の成り立ちと同じDNAを持つこの店は、銀座の「粋」と京都の「雅」をミックスした特別な美を提案してきた。そんな名店に最近は「器ボーイ」たちが集う。女将がナビゲートしてくれる器で生活を変える方法を見つけに来るのだ。

tableware is application

器は料理のアプリ

バラバラがいい

「日本のオンリーワンって、季節感。たとえば、春を表すとしてみる。青紅葉（あおもみじ）のお皿がひとつあれば、緑の葉の美しさが初夏に向かう季節感を演出してくれる。一つの器を生活の中に取り込む。これが和食器の楽しみっていうことなの」松村晴代女将の話は、いつも「日本発見」に満ちている。

お盆の上に置くと、自分の部屋に季節がやってきたみたいだね。

バラバラでもいいの？

「一個一個自分の感覚で揃えていく楽しさこそ味わって欲しい」

一つこだわるとしたら？

「食事中、最初から最後まである箸置きこそ、季節感を出すには一番。有名料亭でも、箸置きが店格を決めると、一番気をつかって選ばれるんですよ」

four seasons

日本の春夏秋冬で器を分けると季節を表現する「一つの器」を選びやすくなるよ。普段づかいのランチョンマットとか、黒塗り・朱塗りのお盆、夏だったら簾(すだれ)とかを用意して器を置いてみると、ぐーんと気分も上がるよね。東哉の器は、うす手で軽く、表面のなめらかさや口ざわりの良さに驚く。器の焼き方に透明感が漂ってる感じだ。品格高い器だから、自分がもっているどんな器とも合わせやすいのが嬉しいな。

masterpiece

東哉謹製 銘品ものがたり

日本映画の巨匠　小津安二郎監督が愛した器

東哉が銀座に開業した1936年頃、金春通りには老舗の料理屋や芸者衆の町屋があふれていた。東哉が器を卸していた有名料亭で、小津監督の美意識の琴線に触れ、「ぜひこの器屋の店主に会いたい」と監督が所望、東哉店主と意気投合。それ以来、映画で使う器、床の間の掛け軸、花生、しつらいを手伝うことになる。小津作品はその丹精な構図やそぎ落としたセリフ、室内の美術が本物の日本の美を表現した映画として、世界中から評価されている。写真は『彼岸花』で使われた湯飲み。「小津さんの湯飲みがほしい」とこの器の人気は健在だ。

歌舞伎役者たちの化粧をささえる東哉の「化粧前」

ある受賞記念で進呈された特注の東哉の湯のみを見た坂東玉三郎が大変感嘆し、銀座の店を訪れた。玉三郎は以前から大ファンの小津映画のテロップに「東哉」の名前が出ていることを知っていた。懇意になった先代との話の中で、「歌舞伎役者が使う化粧前は厚手の白瓷でしゃれた物がないので、絵付をしたいい物がほしい」と頼み、玉三郎特注の「化粧前」（写真上）1揃え7個（女形用は7個必要、男形は11個）が出来上がる。地肌は陶器3揃え絵変わりで製作された。現在では、他の歌舞伎役者たちも、東哉の化粧前を使用している。歌舞伎・邦楽関係者は祝い事他、東哉で使用目的にあわせ特注している。気品ある薄焼きと流麗な焼き付けの美しさには定評がある。

collaboration

四季を楽しむ料理教室 with うち山

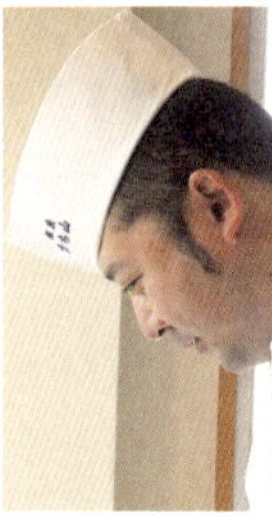

粋上品な器と料理の新しい出合いを求めて、東哉女将とミシュラン星に耀く割烹「うち山」のご主人による料理教室が、季節毎に開催されている。一流の包丁さばきを目の前に調理の実践、さらに料理の出来上がりが器によってブラッシュアップしていく臨場感がたまらない。季節の移り変わりを映すしつらえの知恵もリアルに楽しめると好評だ。

夏メニュー

鯖のごま味噌酢和え　薄切り牛ロースのさっと煮・山椒香り　あなごとごぼうの醤油ソテー　冬瓜じゅんさい梅そうめん

夏らしい透かし器でいただく。

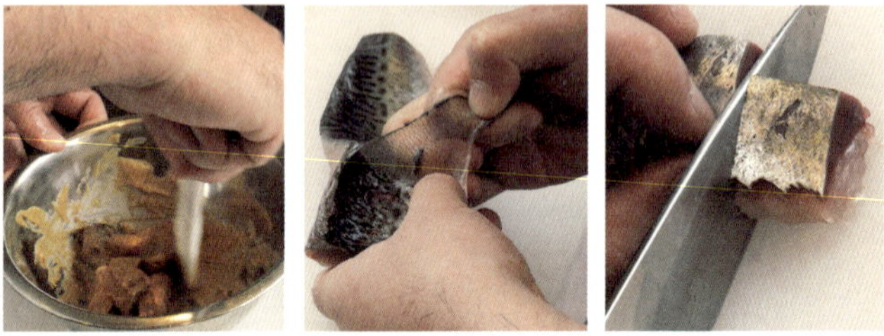

鯖のごま味噌酢和えの作り方

①玉味噌に練りごま、酢を混ぜて酢味噌を作る。
②鯖を包丁する。身をおさえながら、皮を剥く。
③切り身にする。
④鯖と酢味噌を和えてて、ごまをかける。

梅そうめんの桃色がきわ立つ。
（平向付け 染附 宝 袋見込）

冬瓜じゅんさい梅そうめんの作り方

①冬瓜を包丁し皮を剥き、面取りし茹でる。
②茹でた冬瓜をだし汁で炊き、冷ます。（だし汁：出汁、みりん、薄口醤油）
③そうめん、じゅんさい、冬瓜を器にもり、冬瓜のつゆを貼る。
ふりゆずをする。

【器で恋の成就の巻】

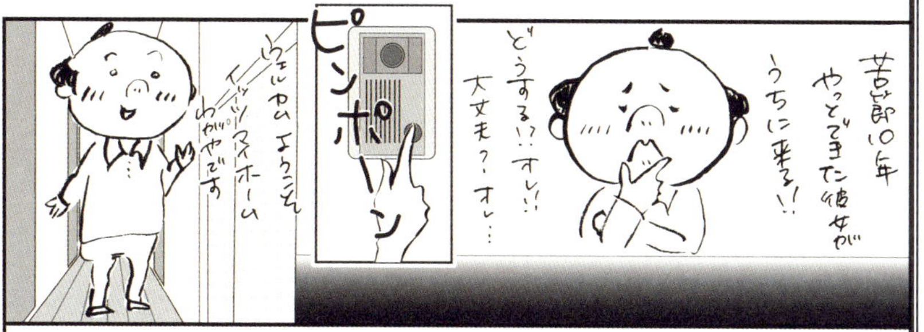

ファーストおもてなし

中の段／右がお気に入りの蕎麦ちょこなんだ。これに色とりどりの野菜スティックを入れる。上の染五角はディップ入れにするとカッコイイ。

左の朝顔器は初夏の顔。彼女の大好きなチョコレート入れにしてみた。

左下／箸置きの蝶は動きがあるから、楽しい雰囲気になる、春〜初夏にいいよね。

右下／ポットの中は、今日は赤ワインにフルーツたっぷりサングリアにしてみました。もちろんティーポットにもなるし、なんでもOK。

本膳おもてなし

上／ポップなドット柄にはサラダもいいね。

左／青白瓷丁子の器をドレッシング入れにしてみた。

右／仁清金網青青もみじ。初夏を感じさせてくれる。カルパッチョや揚げ物刺し身もOK。

下／箸置き

【東哉】住所：銀座8-8-19 東哉ビル1F　電話：03-3572-1031　営業時間：11:00〜18:30 土曜〜18:00
定休日：日曜、祝日　アクセス：東京メトロ銀座駅徒歩5分　http://www.to-sai.com

chapter 14

歯ごたえ爽快音グルメ

銀座松﨑煎餅

ginza-matsuzakisenbei

日本文化は音を食べるって知ってました？

ちりん
しゃきしゃき
ぽりぽり
ずずーっ

う〜ん、なんて魅惑的な響きだろう。どれも日本が誇る伝統の音だ。中でも、バキっ！　は歯ごたえ満点。無骨だけど、脳が目覚め、香りが立つ音。これからお話するのは、ひときわ音色鮮やかな煎餅の物語。「煎餅は歯ごたえが命」とおっしゃる7代目松﨑宗仁ご店主は、創業210年の時を超える老舗で日々クリエイティブな煎餅作りに励む。
えっ？　お煎餅に物語があるの？
「銀座だからできたこと。銀座はね、変化の街。時代の最先端の店がやってきては、店格を競い合う。歴史の変化に応えられた店だけが生き残れる街なんだよ」
そうか、銀座に育てて貰ったという煎餅店。行ってみたいな、松﨑ワールド。

Paki!
Paki!

senbei's volume level

サウンドを愉しむ煎餅図鑑

煎餅づくりは音づくり

パキっレベル 5

本丸目

何といっても歯ごたえ抜群、音量最大はこれ。「今日も煎餅ばりばり、歯も元気！」健康幸せ感レベルも高い。松崎煎餅群の中でも１番の固さを誇っている代表選手。材料のうるち米の生地作りからこだわり、丁寧に焼き上げているから噛むほどに後味が膨らむ。プレーン醤油、胡麻、海苔は日本の定番テイスト。

パキっレベル 2

小丸目

音量横綱レベルの本丸目にくらべて、２まわり小さい関脇サイズ。軽さにかりっ感が加わり、カロリーを気にせずいろいろな種類の味を楽しめる。パリン！という切れ上がった品のある音色がたまらない。

「音量は堅さ、大きさ、厚さに比例しています。実は、大きくて厚いものの堅焼きは難しいんです。中まで火を通して、表面をうまく焼くというのは手間と技術がないとできません。形は四角より丸いほうが焼きやすい。熱が均等に伝わるので割れにくいのです。音の冴えや強さを楽しむんだったら大きいサイズ「本丸目」がベスト。音色も食べ心地もいいのは「あられ目」。ごつごつしていますが、口に含んでぼりぼりやるもよし、時間をおいて舌の上でしっとり溶かして食べるもよし。お好みで楽しめるマルチタイプといっていいでしょう」。そうやって、煎餅道を極めて工夫の上にでき上がった個性的な煎餅達。音量知れば、楽しみ倍増！

パキっレベル 2

あられ目

その年ごとにあられに適したもち米をつかっている、ポータブルタイプ煎餅。音量は低いながら、ぽりぽり、かりかり、音色のバリエーションがたまらなく楽しい。つまむ感じの軽やかさが自慢だ。

パキっレベル 1

うす焼き目

日本の職人技のすばらしさを発見する煎餅。超小音量、さりげなく口に入れたい場面で本領発揮。超軽量、割れやすいので取扱注意だが、その繊細さは驚くほど。大いに楽しめて、たまらなく日本的だ。

LET'S GO!

all round

いつでもどこでもお供します

煎餅ってそもそもは江戸時代、団子を保存するために平らに潰して乾かして出来上がった歴史をもつんだって。時代と共に変わって来たってことだね。ちゃぶ台の菓子盆に手を伸ばして、ぼりぼり、かりかりシーンも懐かしくていいけれど、食べ方を工夫したら、もっと楽しくなりそうだ。7代目松﨑宗仁社長にとっておきの煎餅ライフを御指南いただいた。

缶ビールと「糸柳」で山手線一周

一本と一袋を抱えて、山手線に乗ると、ちょうど一周楽しめるんだって、外国人が試して教えてくれたんですよ。この軽さがたまんない、日本にはこんな遊び方があるんだねって。格安ツアーはなんといっても山手線。スカイツリーにリニューアル東京駅、どんどん変わる東京を走馬燈のように眺められて、まるでショートムービーみたい。ちなみに、山手線電車は、どこまで行ってもエンドレス。乗り換えなしも魅力です。

眠気覚ましには「平打おかき」

サービスエリアに行くと、ガムやドリンクなどいろんな眠気覚ましを売っていますが、ドライブ好きの私のオススメは平打おかき。噛むというのは脳を覚醒させるらしい。もし眠くなったら、一発で眠気をとることができるのは、堅焼きのおかき。あのガシリという歯応えが頭に響き渡りますよ。ダッシュボードに一袋あれば、空いた小腹の足しにもなるから便利です。

テニスに似合う「福餅あられ」

アウトドアで年代を問わず楽しめるテニス。やっぱり水分と塩分が不足しちゃいますね。熱中症は要注意です。手づかみで口にポンできて、テニスに似合う煎餅は、餅系煎餅ですよ。ほんのり白醤油がきいてるから塩分補給にぴったり。スポーツドリンクの代わりにもなり、仲間との会話もはずむ。福餅あられがオススメかな。

極上のつまみ「揚丸」で一杯

柿の種は本来お酒のおつまみですが、うちではサントリーとのコラボで、“あげまる”というちょっとピリ辛のあられを作ってみました。東京都内のBAR10軒ぐらいでおつまみとして出されていて、山崎（サントリーウイスキー）と合うとか。手のひらサイズのビッグな大きさ。胡麻と甘辛が交じり合って絶妙なうま味を出している。それから、欠けた煎餅のことを業界用語で「久助」というんですが、欠けたところに醤油がしみて、濡れおかきみたいになったもの。これもうまい。焼きたてを酒のつまみにすると、酒が止まらなくなるとか。隠れた通のつまみ、残念ながらこれは非売品ですが。

painting

アートできる煎餅　三味胴《しゃみどう》

パキっレベル 3

こだわり置蜜製法《おきみつせいほう》

あっ、これは昔ながらの瓦煎餅？「創業当時から、本場関西から伝えられた瓦煎餅を小麦粉、砂糖など材料を工夫して銀座流・現代風に変えてきました。こだわりはその煎餅に絵を描く"置蜜製法"を職人の手で続けていること。表面の形が三味線の胴に似ているので"三味胴"って呼んでるんです」煎餅に絵を描く、風流でいいなぁ。「大切なことは食べ口（煎餅を口に含むときの舌触り）ですが、それ以上にこだわったのは煎餅の表面に平らでつるつるに仕上げること。松崎の秘技・置蜜製法では砂糖と染料でデザインを手描きするので、餅顔（もちがお）はキレイでないと絵がのりませんから」手間がかかってますねぇ。「昔から一般の瓦煎餅屋の職人が歩合制（一枚いくら）で仕事を請け負っていたのに対して、うちは給料制だったことで"一枚一枚丁寧に焼く"ことができたんでしょうね。現在でもこの方法で手間をかけて煎餅の表面を作り上げていますよ」自分だけの絵柄を描いてマイ煎餅が作れるって本当？「お好きなデザインを送って下されば、型を創り（10000円～）、職人が一枚一枚描きます。一枚120円から作れますよ。プレゼントするとちょっとしたエンターテインメント感があってたいへん喜ばれますね。」

キティちゃんオリジナル三味胴。
サンリオとのコラボ。
季節によってデザインが変わる。

ミルクに浸けて食べる。
ほのかな甘み、やわらかくなった煎餅の食べやすさがマッチして絶妙な感触。栄養食としてもOK。

healthy

血糖値もこわくない

ふすま煎餅への挑戦（岡部クリニック監修）

「肥満は病に直結するので、その予防を楽しく食べながらできる方法はないだろうか」という相談が糖尿病専門医からあった。「糖尿病の患者は煎餅屋に行くことも、デパート食糧売り場に出向くこともできない。そういう人たちが食べられる煎餅をぜひつくってほしい」という切実な願いに、煎餅屋として何とかお手伝いできないかと新しい挑戦が始まった。「ふすま」は繊維質の大変高い食品で、これで三食のうちの一食をまかなえれば、相対的に平均カロリーが減るのではという発想からこのプロジェクトはスタートする。ところが試作はできたものの正直言って美味しくない。特にふすまの食感がいただけない。「うちは“美味しいものを売りたい”という煎餅屋。“健康にいいもの云々”の前に、煎餅の命である食感“おいしい”を納得いくまで実験しました」。（松﨑社長）配合をいろいろ調整し、それで落ち着いた割合が米2に対してふすま1。こうして、糖尿病の患者さんでも食べられる煎餅が出来上がった。煎餅の持つあの歯ごたえを、糖尿病の患者さんでも楽しめる。まだまだ、煎餅の可能性は広がりそうだ。銀座「岡部クリニック」および松﨑煎餅本店で購入できる。

小麦ふすまとは、小麦粒の外皮と胚芽のこと。いわゆる「糠（ぬか）」の部分で、小麦ブランとも呼ばれる。マグネシウム等のミネラル類を多く含み、食物繊維も豊富なため、アメリカではダイエット食品として多くの支持を集めている素材。ふすまが血液中の脂質を減らしたり、食後の血糖値の上昇を穏やかにする効果も報告されており、今後の研究にも期待が持たれている。

松﨑煎餅の心得

1804年（文化元年）に芝で創業、1876年（慶応元年）に今の銀座4丁目に移ってきた先代たちは、鉄の鋳型に小麦粉・砂糖を主原料とする煎餅（瓦煎餅）の技術一つで商売をはじめた。当時、銀座4丁目あたりは日比谷の入り江で、その後埋め立てられて発展した人気もない場所だったという。松﨑煎餅は210年の歴史の中で、明治5年の大火、その後の震災、戦争と三度焼失するという歴史も持ちながら、今に生き残ってきた。七代目が先代から「おできと菓子屋は大きくなると潰れる」と常に教えられた。煎餅は量を作ると、どんどん商品が粗くなってしまう、ひたすら商品の質を守りながら適正な規模を維持しなさい、という教えを今も心に刻んでいる。

【銀座松﨑煎餅】住所：銀座4-3-11 松﨑ビル1階　電話：03-3561-9811　営業時間：平日・土曜日 10:00～20:00　日曜日・祝日11:00～19:00　アクセス：東京メトロ銀座駅徒歩1分　http://matsuzaki-senbei.com

chapter 15

時空を旅する香ものがたり

銀座香十
ginza-koju

どんなに多くの時間が流れようと、月も星も太陽も、僕たちと古えの人たちが同じものを見ているって、ちょっと感激だよね。ところがそんなタイムトラベルを、香りにのってすることができる異空間が銀座にあるというんだ。安土桃山時代の天正年間（1573年）創業、430年の歴史をもつ香の老舗・香十の稲坂良弘代表が案内してくれる。その前に、時間を江戸時代よりぐ〜んと遡って、「香」が日本に渡来してからどんな物語をつくってきたかをお話しすることにしよう。

香木の
ジパング漂着から
はじまった

それは、今からおおよそ1400年前のお話。飛鳥時代の推古3年夏(595年)、淡路島に一本の香木が漂着した。(『日本書紀』より)。島民がただの流木と思い、火にくべたところ、たとえようのない芳香が立ち上った。それを香木(沈香)と知るよしもない人々は、この世のものとも思えない香しさをただただ畏れたという。奈良時代になって、唐の高僧・鑑真和上が仏教とともに香文化も運び、その後さらに香文化は広まっていく。

天下人の証

室町時代、文化的な武将として名高い足利8代目将軍義政は、「茶人すなわち、香人でもある」といい、茶道ととも香道体系化の基礎づくりに尽力する。一方で戦国武将たちは「香の力」のもつ鎮静効果や興奮作用は、戦場での冷静な判断や勇気を奮い立たせるために活用し、兜に香木の香りを焚き染め、身分・高名の証にもしたという。

一本の香木は、武将にとって大きな意味をもつんだね。「東大寺の正倉院に1.5メートル以上の大きな香木があります。「蘭奢侍(らんじゃたい)」と名付けられた香木で、その表面には足利義政、さらには織田信長が一片を切り取った後があり名前まで刻んであります。特に、信長は、"一片の香木には、一国一城と同等の価値がある"と言い、天下人の証を香木で示したと伝えられています」

そんな信長が開いた安土桃山時代(1573年〜天正年間と呼ぶ)に、宮中御用を務める御道具師安田又右衛門源光弘が創業したという香十。日本の香の歴史にその名を刻んできたというわけだ。それほどまでに人々を魅了した香、いよいよご主人が香にまつわるタイムトラベルに連れて行ってくれるんだって。

源氏物語は
香の物語

一千年の昔(平安時代中期)、紫式部によって描かれた人の世の儚さと華やかさに彩らた『源氏物語』。この世界最古の長編小説(全54帖)は、香によって物語が綴られている。「仏教と共に伝えられた香は、平安朝の貴族たちによって生活文化の香りに変わっていく。この頃すでに香文化は、教養であり知性であり感性であり美の表現だったんだ。六条院の薫物合せの話では、光源氏の愛した女性4人、そのキャラクターを香りで表現している。朝顔の君の“黒方”、紫の上の“梅花”、花散里の“荷葉“そして姫の母である明石の君は“薫衣香”という具合に、人柄を表現した香が創られた。後半の“宇治十帖”の匂宮は、その名の通り自己表現の香を熱烈に追求する男性として描かれているね」

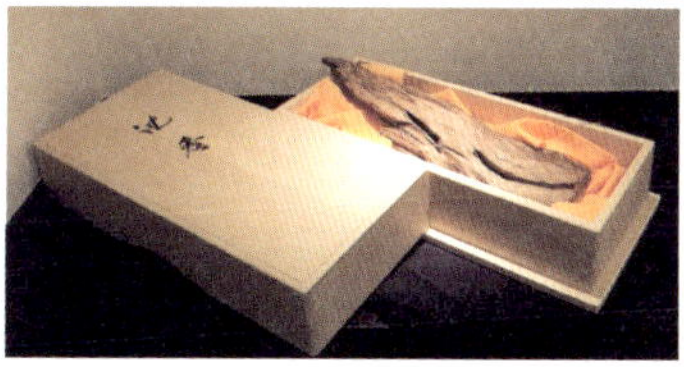

trip for cherry

香道の探桜ゲームにようこそ

銀座4丁目に香十庵はひっそりとある。庵に入ると正面には老舗創業から伝わる「香十徳」の掛け軸、右手には源氏香図帖を模した屏風が迎えてくれる。これから「桜香」という、春にしか行われない組香（香り当てゲーム）が始まる。

桜香とは

桜花さきにけらしなあしひきの
山のかひより見ゆる白雲
『古今集』紀貫之

この名歌を元にして創られたの組香（くみこう）の一つ。組香とは、和歌、物語、漢詩、故事来歴などに取材して構成された3種から6種の香の組み合わせの中から、お題となる香りを聞香（後述）により探り当てる日本式香ゲームが芸道になった。桜香は春たけなわの情景を歌いあげた紀貫之の歌中に登場する「桜花」や「白雲」に見立てた香木の香りの中から「桜花」を探り当てるもので、桜の季節にのみ開かれる。香元、執筆、客からなり10名から15名ほどが基本の香席に着く。公家の香道と称される御家流第一級の師範の手により始められる。

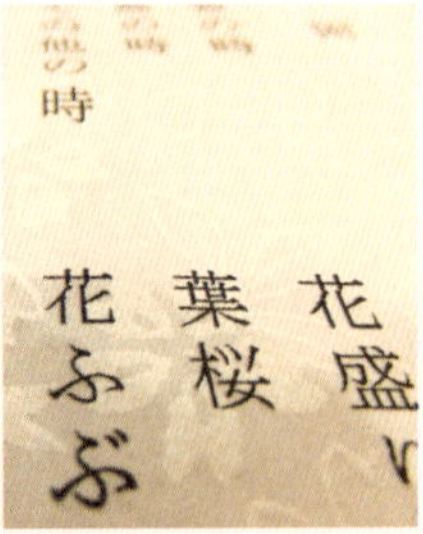

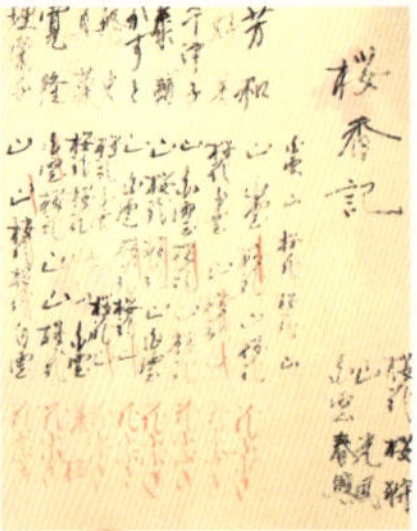

聞香のたしなみ

香は“かぐ”ではなく、“聞く”っていうんだね。「古代中国から伝来したときの言葉が、聞香（もんこう）。皇帝が香をたいて香りを天上に届け、天の声を聞こうとしたことに由来しています」 どんな風に香が起っていくの？「湯飲みのような形をした聞香炉に灰を入れ、その中に熱した香炭たどん団を埋め、灰の上に銀ぎんよう葉（雲母片）を置き、その上に1～2ミリ四方の香木をのせてあたためる。しばらく時間をおくと香りが立ち始め、温度変化と共に香りも複雑に変化する。例えば、香木の最高級といわれる伽羅では、時として新茶のようなさわやかな香りで始まり、時間が経つにつれ甘みや酸味が加わって、味わい深いものになります」

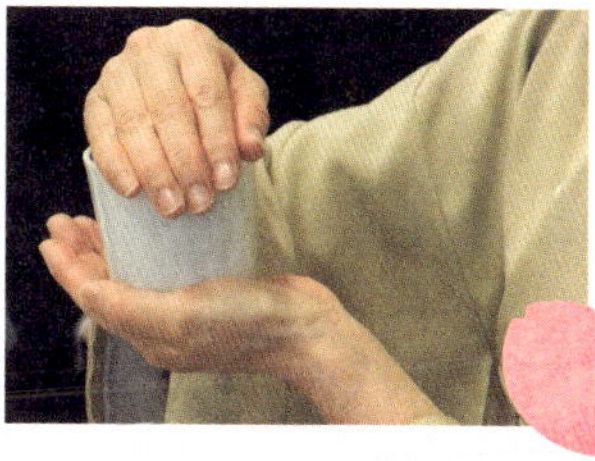

聞香手の所作

右手で聞香炉を取って左手に載せ、顔を寄せる。右手を蓋のようにして聞香炉を覆い、手のひらをくぼませて中に香りをためる。人差し指と親指の間を少し開き、香りを楽しむ。三息（3回の呼吸）で聞くのが作法。

桜香の楽しみ方

・香元が試香（こころみこう）のあとに続いて、本香（聞香炉《ききごうろ》）を席にまわす。
・何番目に香木の香りに託された“桜”が出てくるかを探し当る。
・自分の答えが書かれた一枚の奉書が出来上がる。
・香元から香の順が発表されます。正解と歌が奉書に書き込まれ、桜香記（左頁下段右写真）が出来上がる。
・正解の方一名に、桜香記が手渡される（ゲームフィナーレ）。

ワンポイント知識

・香十徳　室町時代中期の禅宗の僧侶・一休宗純によって書き広められた。香の効用、魅力を言い尽くした書として香十創業以来掲げられている。
・六国五味（りっこくごみ）　香道に使用する香木の種類を分類判定するための基準。六国とは伽羅、羅国、真南蛮、真那賀、佐曽羅、寸聞多羅。五味は香木の香りの種類を、その香気の特徴を味覚になぞらえて表した。甘（あまい）、酸（すっぱい）、辛（からい）、苦（にがい）、鹹（しおからい）とされている。

luxurious life

四千年の贅沢時間

香りって目に見えないでしょ。それを文化にするところがすごいな。「先日こんなお客様がいらっしゃいましたよ。極上の伽羅があるんですが、その歴史や平安時代の生活への取り入れ方などをお話している内に、“そんな豊かな時間の過ごし方があるんですねぇ”と大変感激され、ご購入になったんです。お客様がその時に言われたことが大変印象的でした。“わたくし、旅行に行こうと思って20万円貯めたんですけど、こちらの香旅行にするわ。だって、本当の旅行は1回だけだけれど、こちらは好きな時に、好きな世界に、好きなように思いをくゆらせてイメージ旅行ができますもの”私どもの極上の伽羅のお香は21万円なんですが、ああ新たな香文化が生まれているなと、心から嬉しくなりました」

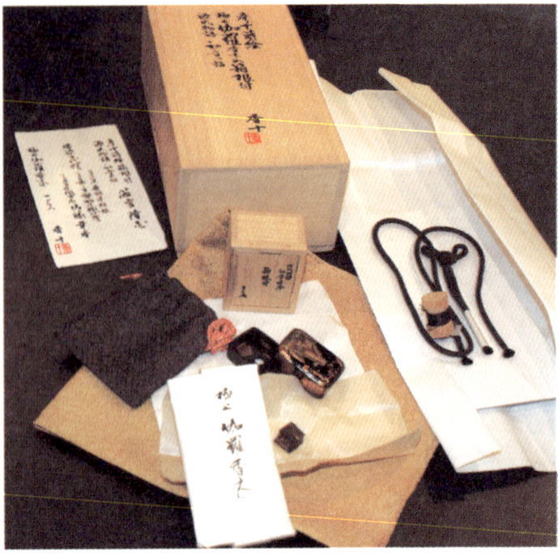

「源氏物語」テーマの蒔絵小香箱と極上の伽羅香木(1グラム)のセット。

香木ストーリー

香の歴史を辿れば、約四千年前の古代インドに辿り着く。香木とは、お香の素材となる木のことをいう。「白檀」や「沈香」などが代表的で、高価な香木として知られる「沈香」は、木そのものの名前ではない。東南アジアの特定地域、それも密林の奥深くで、特にジンチョウゲ科の木についた傷などから真菌類(微生物)が内部に入り込み、自然の諸条件の重なり合いによる作用で樹液を香の塊(香木)に変化させる。長い年月を経た後、その倒木や立木の樹内に香木化された部分を発見する以外にはない、奇跡的な産物である。この香の最高のものを“伽羅”という。科学技術が進んだ今日でもこの本物の伽羅の香りは合成ができない。

brand new

クリエイティブな香り生活

“自分流”空間

自分の時間を創るのに最適な方法は、空間を“自分流”に変えること。組香のように大勢で楽しむのもいいけれど、一人でも好きに時間を創りたい方には、「聞香セット」がオススメ。お香は漢方とも深いつながりがあり、身体にも良い効果をもたらすといわれる。特に「香浴香」は香りで入浴という身体に良く、おしゃれな世界を楽しめる。お守りには「掌香」、お土産にはポップでスタイリッシュなお香も数々。プレゼントにいいよね。

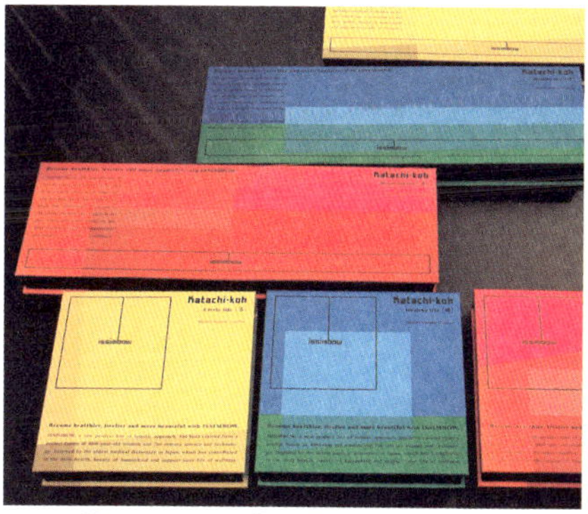

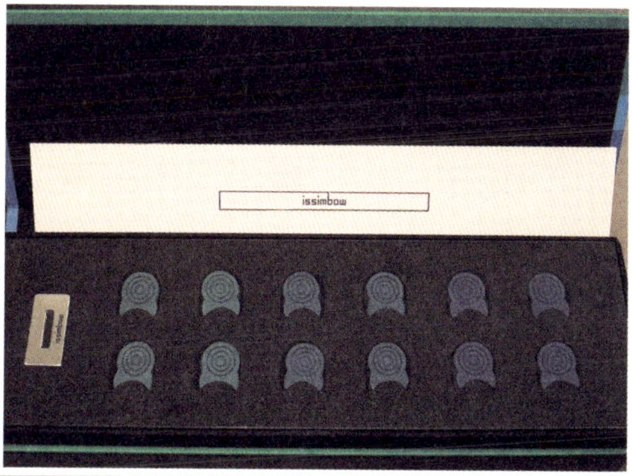

上段左右／現代のお香のひとつ　下段左／香原料に含まれる漢方生薬についての解説書　下段中央／入門聞香セット　下段右／掌香

【銀座香十】住所：銀座5-8-20 銀座コア4F　電話：03-3574-6135　営業時間：11:00〜20:00
【銀座の香間 香十庵】住所：銀座4-9-1 日本香堂ビル3F　電話：03-3541-3355
アクセス：東京メトロ銀座駅徒歩３分　http://www.koju.co.jp

chapter 16

SUSHIは ライブ・ステージ

久兵衛

kyubei

「老舗すなわち名店にあらず、銀座の一番星をめざす」。これが創業77年、銀座久兵衛主人今田洋輔のログセだ。最高の鮨ネタは当たり前、それ以上に期待を超えるもてなしを提供しなければならない。その頂きに向かって銀座宵空一番星のもと、ライブ・ステージが開幕する。

entertainment

五感で楽しむ
エンターテインメント

握りたての一貫が、味覚にどんな幸せを与えてくれるかを書いていたら筆がつきない。というより、“味”はこの店に座った幸せの一端にすぎないともいえる。マグロのサクに柳刃包丁がサッと通る瞬間の軽い興奮。ひつからシャリをつかみネタとあわせる鮮やかな手の流れに入るや、驚きと期待に心がはちきれそうになる。どっしり重厚な魯山人の器が、まあ落ち着け、となだめる。気がつけばそこに一貫。もはや目で愛でる余裕さえなく、手がのびて口に放り込んでいる。湧き起こるよろこびが全身をつつみ、主人にブラボーを叫ばずにはいられない！余韻にひたるうちに主人のユーモアに富んだトークが始まる。次のネタまでの間をなんと豊かに楽しませてくれることか。

1935年（昭和10年）創業、今や銀座の鮨店の代表格といわれる“久兵衛”の味は、初代店主と北大魯山人との交友が原点と云われる。泰明小学校の頃から、“将来は鮨屋”と自ら決めていた2代目の現主人。いつもカウンターの表と裏で両親が働く姿を見ながら「お客様があって我々の生活が成り立っている」という感覚を持ちながら育ったという。「お客さまにお出しする今この時が最高の状態である」という信念は、一期一会の最高の和食ライブ・ステージを創造する。

清潔でシンプルな和モダンの室内は、張りと和みの絶妙な配合を生む。檜の厚いまな板は客と板場を結ぶ花道でもある。

使い込まれたおひつ。"人肌"を保つために一度に入れるのは、鮨10個分のシャリだけ。

二手握りの極意

ネタは冷たく、シャリは人肌。瞬時に握り間髪を入れずに食べる。鮨の醍醐味はそこに尽きる。

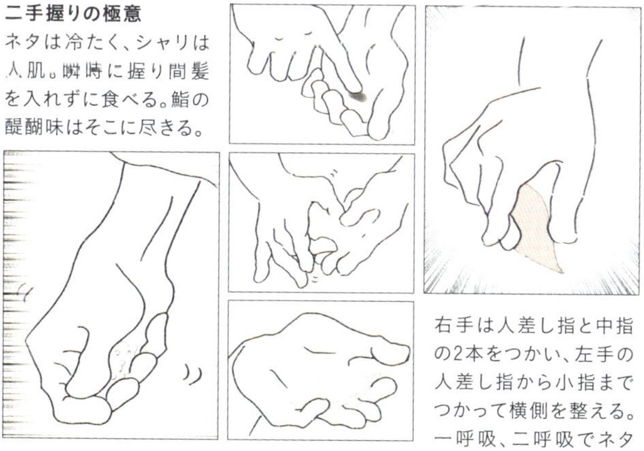

右手は人差し指と中指の2本をつかい、左手の人差し指から小指までつかって横側を整える。一呼吸、二呼吸でネタと合体。活かすも殺すも鮮度次第。ネタを手に取った後、触っている時間をいかに短かくするかは、技の究極だ。

ネタの格を決めるこはだと新子（こはだの幼魚）。客のほころぶ顔があればこそ、サプライズなネタの仕入れもいとわない。

初めての客でも、呼吸を読んだ軽妙なトークの"ネタ"はつきない。つられてつい「それ握って」

hospitality

魯山人のもてなし哲学

鮨はバランスだ

北大路魯山人(1883〜1959年)は、書、絵画、陶芸などマルチなジャンルで活躍した近代芸術の巨人。今日なお、漫画やコマーシャルに登場して人気を博する魯山人は食通の大御所という風貌である。先代今田壽治との出会いの物語が面白い。カウンターに座った魯山人が「キミ、そのマグロをもっと豪勢に厚く切って握ってくれ」という。「鮨ってのはタネとメシのバランスだ。釣り合いがとれてるんだ」と切り返す。さすがの魯山人もやり込められたが、気を悪くするどころか、これが縁で深い親交がはじまった。

先代を魯山人は「この主人は人物ができていて、大学出て役人だったら大出世しただろう。気骨稜々　意気軒昂。今様の一心太助である」と評した。

手をかけすぎるな

魯山人は、「単味」という言葉をあらゆる芸術創作の信条とした。要は素材をできるだけ加工せずブレンドせずそのまま使うのが最上であるという考え方である。

「江戸前の握り鮨っていうのは、自然のままのネタを飯にのせるものだから、料理屋の料理みたいにきどってはいかん」は、魯山人の口癖で先代が肝に命じた言葉だ。「手をかけすぎるな」は今も受け継ぐ久兵衛の家訓。それがあればこそ、素材の良さを楽しむための技を磨き、鮨の良さを再認識できたというのが現主人の述懐である。

luxury

器に触れる至福のとき

器と寿司の交響

久兵衛の握りをこよなく愛し、陶芸に秀でていた魯山人は窯出しの度に作品をもってきてくれ、「この料理にはこの器を使ったらいい」とアドバイスをしてくれた。一時は店のすべての器が魯山人ということがあった。その縁を今も店の宝としていることから、店内には魯山人ギャラリーが作られている。来店者は、美術館で見るような名品の数々を間近に鑑賞することができる。主人のライブ解説も予約で頼むことができる。

「心地よさ」の届け方三箇条

最高の食エンターティナーをめざして、
日々磨く心得は旨い鮨を握るためだけではない。

一　お客様の望みに耳を傾ける。
鮨屋は自由料理店なので、どんな注文にも対応する。
そのための万全の準備を怠らない。
一見さんと常連とを差別しない。

二　会話を生み出す。
親しみのある声と明瞭な口調で安心感を伝える。
会話をはずませる「言葉」を仕入れる。

三　見られていることを意識する。
包丁さばき、手さばきの冴えを磨く。
道具の手入れを怠らない。
フキンを清潔にし、丁寧な扱いを心得る。
食べやすいよう、盆と皿の位置を配慮する。

special day

鮨ライブで記念日を演出

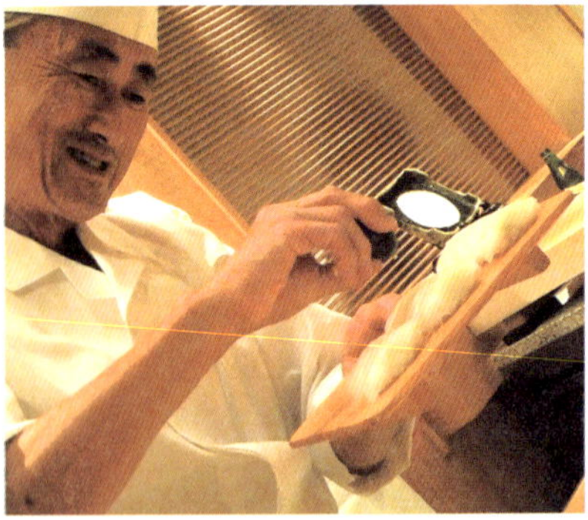

大切な人と

カウンター席で、二人だけの結婚記念日を他のお客様と楽しめば、初デートの思い出話もはずむでしょう。

9人の晩餐会

気のあった仲間と極上の時間を過ごすために、個室のカウンターを貸し切れます。見事な包丁さばき手さばきを眼前にしながら、板さんの軽妙な語らいによって、一日で常連になったような気分に。

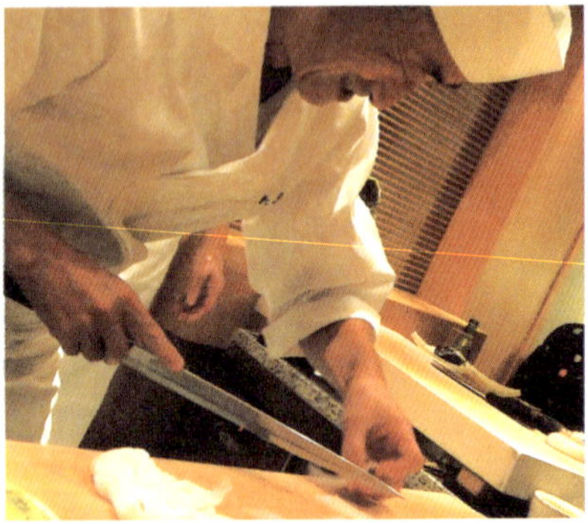

季節毎の暦ライブ

桜の季節、七夕、日本ならではの季節感を取り入れたイベントもおつなもの。季節感といえば、その時最高のネタが披露される魅力が一番。長年提携している築地の仕入れ先からあうんの呼吸で選ばれたネタの新鮮さは驚き。海外のお客様にはなにより好評です。

魯山人を訪ねて

銀座には、魯山人ゆかりのギャラ−黒田陶苑(銀座7-8-6)、銀座久兵衛本店ギャラリーなど、巨匠の足跡をたどる楽しい散歩ができます。最後は、魯山人のホンモノを器に、巨匠をうならせれた美食の究極を堪能してみれば、日本人に生まれた幸せに目が熱くなるかもしれません。

委細は相談と予約を

何はともあれ、鮨文化コンシェルジュの主人と相談すれば、メガ満足のプランが出来上がります。

【久兵衛】 住所:銀座8-7-6 電話:03-3571-6523 営業時間:11:30〜14:00、17:00〜22:00
定休日:日曜、祝日、盆、年末年始 アクセス:東京メトロ銀座駅徒歩7分 http://www.kyubei.jp

ハレの日本人になる

一度は体験したい
至福の時間と空間。

chapter 17

ハレの日に和を極めるのがクールジャパン

新橋花柳界と東をどり

shinbashikaryuukai&azuma odori

一流料亭には一見（いちげん）さんお断りという高い敷居がある。しかるべき常連の連れになるか紹介がなければ入れないという。いったい、料亭ってどんなところだろう。「もし、一晩で日本文化の全てを知ることを課せられた異邦人がいたならば、一流料亭で至福の時を味わうに限る。風格ある建築、焚かれる香・しつらい・調度の空間をくぐるうちに、ゆっくりと日常の感覚はハレの日のそれに切り替わっていく。お座敷にたどりつけば、床には巨匠の書画、季節の活け花が出迎える。美しい陶磁器、漆器と旬を活かした料理とのコラボレート、そして芸者の邦楽と舞踊に酔えるところだよ」（老舗料亭金田中の3代目若旦那で、新橋組合頭取岡副真吾氏）

そうか、料亭って、建築、料理・お酒、そして芸能という日本文化全てが一堂に集う場所なのか。まるで、お大尽（おだいじん）になったようで、すごいなぁ、緊張するだろうな。「そこに芸者の座持ち（おもてなし）がある。芸者が一番大切にするのは気配りでね、緊張したらリラックス、客同士の話が佳境に入れば出しゃばらない。砕けてくればお茶目になり、盛り下がれば、軽い冗談もとばす。そのとき必要な空気を臨機応変に創り出すのが芸者のもてなしの極意なんだよ」

年に一度だけ、そんな稀有な世界にとびこめるチャンスがあるのだという。若旦那がこれから、料亭文化のダイジェストが一般人に公開される特別な日、東をどりへ案内してくださるという。花街ビギナーが、軽やかに日本式のホンモノを実体験すことができるなんてワクワクモノだ。

supreme
japanese style

料亭デビューへのレッスン

東をどり

毎年風薫る銀座の5月、稽古を重ねた芸者衆の芸の集大成、東をどりが開かれる。新橋演舞場全体を大料亭に見立てたクール・ワールド。花街デビューへのレッスンを積めば、身につけたい「大人のあがり」も見えてくる。

Lesson1 舞台鑑賞

この日のために厳しい稽古を重ねてきた新橋芸者。東をどりはその晴れ舞台。踊り、唄、奏楽の古典芸能を二幕でたっぷり楽しみます。

新橋花柳界

銀座にありながら新橋との命名は、江戸時代に朝鮮使節団を迎えるために、現在の銀座8丁目から港区側に架けられた「新橋」に由来する。近年明治5年の鉄道開通により駅名も新橋となり、駅の東側から東銀座、築地にかけて広がった新橋花柳界は、明治新政府の政治家や官僚、財界人、文化人によって「芸の新橋」として愛された。その理由は「各流派の宗家等一流の芸道の師による技芸の育成」を目的として発展したことによる。特に日本舞踊の芸の練達ぶり、美しさには定評があり、多くの女流舞踊家を生んだ歴史をもつ。
花柳界とは、芸者、料亭、とその仲をとりもつ見番(東京新橋組合)で成り立っている。新橋花柳界の料亭には、新喜楽、金田中、東京吉兆、米村、やま祢などがある。

Lesson2 東をどりプレイベント

料亭・新喜楽と金田中では、一つの館でのれんを超えた料亭の特別料理を味わうことができます。大広間での芸能鑑賞は、お座敷そのものの臨場感が格別。要予約。

Completion

Lesson3 歌麿世界へ

新橋花街の原点は江戸。歌麿描く女５人衆に扮した艶やかな舞踊が、浮世絵世界へのタイムスリップを誘います。

和をきわめれば、ニッポン人のかっこよさ、きっと見つかります。

Lesson4 松花堂弁当

東京吉兆主人湯木義夫の献立を、料亭6軒が腕を競い合う。仲間を集め、目と舌で比べて楽しんでみては。

Lesson5 点茶席

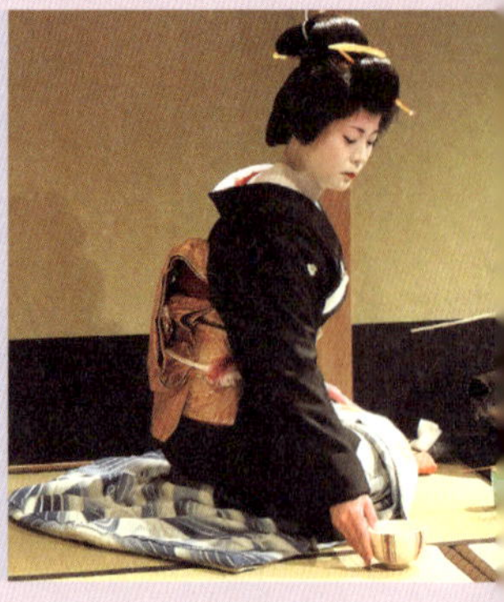

目にも鮮やかな衣装と共に、花柳流、尾上流、西川流を代表する芸者衆が演目を披露する。地方(じかた、三味線・唄など)の音色と流麗な日本式所作を目の当たりに楽しみます。

日本料理　永楽、柿右衛門、織部、魯山人と巨匠の名器に、走り、旬、名残と季節の素材を使って彩られる。器とその調理方法で四季の移ろいを表す。

お座敷
床の間に飾られた名作や季節を活けた床花を愛でながら、一献。芸者との酒や話のやりとりこそが、お座敷の醍醐味だ。芸者のお酌に返盃するときには、杯洗で洗って返すのが礼儀。

Lesson6　芸者さんとお話しトライ

黒の引き着でお茶のおもてなし。江戸千家によるお手前を芸者さん自ら振る舞います。和菓子はとらや(榮太樓と隔年)、お茶は伊藤園謹製。

幕間にロビーで芸者さんが来場者をおもてなし。出演した演目についてお話しし、いっしょに写真を撮りましょう。お座敷で繰り広げられるサロンの空気感を楽しめます。

おかみ
（黒絣着）

水茶屋女
（縦嶌模様着物）

花魁
（白い打ち掛け着物）

町娘
（桃色着物）

芸者
（紫着物）

fashion snap

歌麿 in GINZA

川びらき

東をどりのつや次郎お気に入りNo.1の演目（平成23年）は、「川びらき」だ。花柳寿輔（はなやぎじゅすけ）のプロデュース、振付で、浮世絵師喜多川歌麿が描く江戸女たちを、五人の芸者が扮する。所作を先導するおかみ、機敏な町娘、しゃきしゃきとした芸者、鷹揚な花おいらん魁などを配役のそれぞれが踊りの中でみごとに演じ分ける。ファッション、髪型、しぐさの入念な考証により、江戸風俗の情緒が動く立体浮世絵となって華やかに蘇える。

oh,beautiful geisha

秘境の舞姫図巻

コスチュームは変化に満ちて

舞踊のストーリーを表す場面では華やかに、お座敷でのコスチュームは品の良さでと、時と場合で変化させるのが新橋流。特に座持ちでは、着物の模様はちらりとさりげなくがポイントで、誇示しないのが美徳だ。原色は避け、淡く落ち着いた色目を選ぶ。「芸は売っても体は売らぬ」。江戸時代から続く芸者の役割がうかがい知れる。

① 髪飾り
正装には、べっ甲櫛、べっ甲かんざし、珊瑚の赤玉かんざしを着用。他に季節感を出すために、翡翠（ひすい）や、銀、象牙などを使い分ける。

② 日本髪まげ
写真は「つぶし島田」のかつらをつけている姿。「島田」「勝山」など演目・役柄によって結い方を変える。島田には、「高島田」と「つぶし島田」がある。「高島田」は祝儀の席、お披露目などでつける。

③ 紋
名取は尾上流、花柳流、西川流など流派の紋、他は置屋などの紋を入れる。東をどりでは全員が紋付き。

④ 扇子
写真は天紅（てんべに）扇子といい、祝いの席の舞踊に用いる。扇子は「見立て」の演出にはなくてはならない。小道具、雨しずくを拭うシーンの傘を表現したり武士の笠や刀、煙管など、これ一つで、ありとあらゆる道具を表す。

⑤ 稲穂かんざし
松の内の期間（正月元旦～15日まで）着用、豊年を祈念した祝いかんざし。「運をとり込め、幸をとり込め」と白い鳥（トリ）と稲穂（米・コメ）の飾りがついている。

⑥ 衣装
お座敷では舞台衣装と違い、お客様との距離が近いことを考慮し、半衣装（舞台衣装より少し重ねを軽くする）等で踊る。
・（左）新橋芸者のフォーマルウエア。黒の出の衣装と呼ばれ、五つ紋（着物の中五箇所に紋が入る）の裾引き。帯は結ばず垂らす「柳」（やなぎ）。
・長襦袢も演目役柄によって変える。黒の出衣装では「赤」長襦袢（祝いの意味）を着用するきまり。
・帯はフォーマルでは丸帯（通常より倍の長さ）を着用する。

⑦ 中懐紙
茶道の懐紙よりもサイズの大きいものを使う。用途は、札入れ（財布）代わり、布巾代わり（お杯洗い／お客様からお酒を頂戴した際、ちょこ口に赤い紅が付くので、拭いて捨てるため）、便箋代わり、メモ代わりと芸者にとってマルチの働きをする便利グッズ。

magical hands

おもてなし魔法の三手

人は「手と顔で話すもの」だとよく言われる。日本式ではことさら「手の所作」が言葉を語り、その表情が場の空気を創る。手の語りこそ、芸者衆の美の骨頂だ。お客様へのもてなしの源流がここから始まるといっていい。現代人の日常生活にも使えそうなプロのしぐさを紹介しよう。

空気を創る魔術師

どんな間柄の客同士なのか、仕事なのか時間を楽しみたいのか、話は盛り上がっているのか、硬い空気なのか、芸者のおもてなしは空気を読み、必要な空気を創る気配りからくる。

マニュアルを読んだだけでは身につかない世界なんだ。「客の注文（時候、祝い事など）を事前に受け、それに合わせて演目、衣装を決める。長唄、清元など出し物により、専門の地方（じかた、三味線と唄担当）と、立方（たちかた、踊り担当）をそろえる。技の高さだけでなく、舞踊でも、3分の余興のために300の引き出しをもたなくてはプロとはいえない。もちろん歌舞伎、お茶、狂言、書道、生け花と教養と感性を磨くことを日々怠りません」

これが一流芸者のたしなみかー。なるほど、だから天下国家を論じる政財界、有名文化人の相手もできるんだ。花街はニッポンの活力源の一つである、なんちゃって。

「いっぱし言えるようになったねぇ。ちょいと座敷にあがっていくかい？」

大切感を伝える手

指をそろえて、親指を掌に隠す。これが、おもてなしの気持ちを表すすべての所作の基本だ。「ようこそ、おいでくださいました」という相手を大切に迎えるお辞儀が代表所作。膝上に手を置く、お茶を差し出す、器を移動させる、お酌、踊りの時もこのポーズをすれば品が醸し出される。特に親指を隠すことで手がほっそり見える。

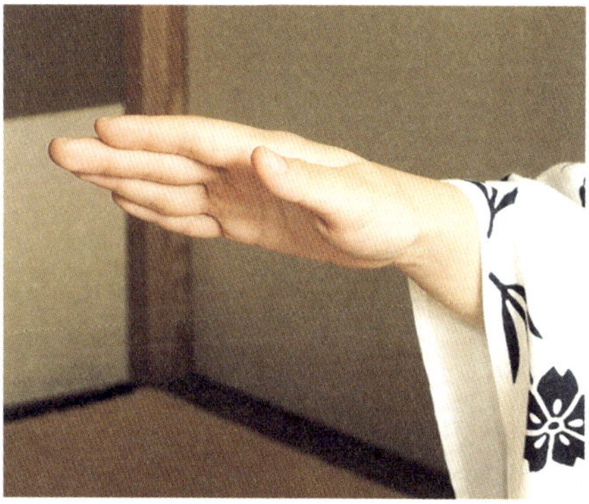

親しみの手

「まぁ、そうなのね」言葉の相槌より先に、相手を包み込むような仕草で手が動く。芸者は実に手の表情が豊か。掌は常に内側に、ここでも指揃え、ふんわりがポイント。

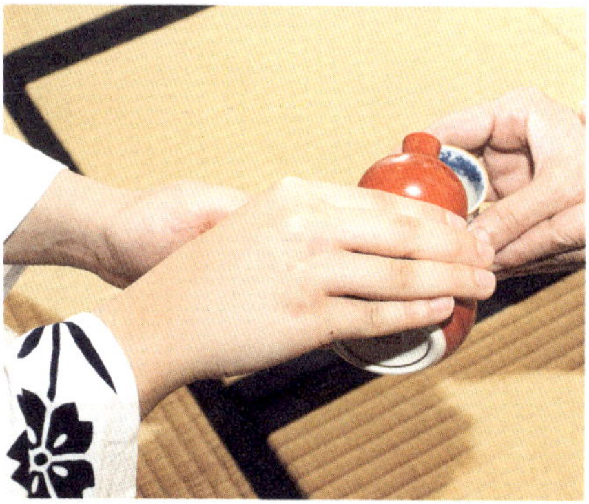

空気を和らげる手

「一億円の器だと思って扱う」これが、一流芸者の器への姿勢だ。実際、新橋の料亭で使われる器は一級品。お茶席のお茶碗も、お酌もその思いがあるから、所作が優しい。

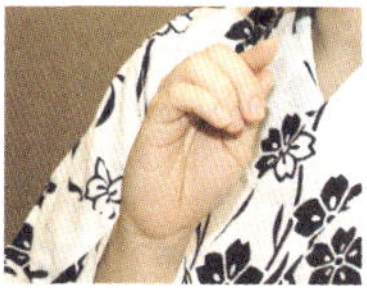

日常でも、この丁寧さが生活の質を変えるはず。
芸者の稽古は銀座8丁目、新橋会館（見番）で。

the bento

“松花堂”のひみつ

松花堂弁当って何？

「茶人の松花堂昭乗（しょうかどうしょうじょう）の作った煙草盆を吉兆創業者の湯木貞一が四枡の弁当箱（縁高《ふちだか》）に見立てたというところから始まった。東をどり“六料亭の松花堂”はその由縁を遊んじまったんだ。遊び心はそれだけじゃない。貞一翁の孫にあたる今の東京吉兆主人湯木義夫氏が献立を立て、銀座の有名料亭6軒（東京吉兆、新喜楽（しんきらく）、金田中、松山、米村、やま祢）がそれぞれの創意と腕で、これらの弁当をつくったんだ」すごい、なんとこの小さな箱の中で板場の意地がひそかに火花をちらし合っている。アイアンシェフなんて目じゃないぞ。

「日本料理とは季節を料理に写すこと。一流料亭の調理人は、最高の食材を使い、季節をどう表現するかに意をくだく詩人でありアーティストなんだ」それを聞くとますます食べるのが惜しくなってしまった。

WAKADANNA&ITACHO Talking

「松竹梅は固定テーマだから、松は鯛で松皮にし、梅香飯で赤飯としましょう」

「東をどり88年の祝いには米にこだわってみるってのはどうかな？」

「ご飯を食べ終わると竹の葉が下から現れる…何て言う趣向はいかがですかね」

「そりゃいいや。さらに、お米の上におめでたさを加えてみるってぇのはどうかね」
「じゃ隠れ技は針生姜（松を表す）でいきましょうや」

be merry and braight

ハレの日のはじめ方

東をどり

銀座新ばし花街の扉をひらくには、見立て文化の集大成、東をどりでの体験が一番。

毎年5月新橋演舞場を料亭に見立て開催される。

チケット購入、六料亭競演・松花堂申込み、

その他のお問い合わせはサイトからできるのでチェックを。

URL www2.odn.ne.jp/shinbashikumiai/

東をどりプレイベント

東をどり開催の前夜祭として、実際の料亭を舞台に華麗な踊り、料亭の味をライブ感

たっぷりに味わえる。お座敷文化の「シナリオのない舞台」を間近に体験できる貴重な機会だ。

お問い合せは、東京新橋組合(電話03-3541-7206)。

料亭の新たな挑戦

料亭文化に触れたいが、敷居が高くてなかなか……という声をよく聞く。

そんな中、日本式に憧れる若いカップルが高級料亭のご主人に

「結婚式をするならこんな料亭で挙げたい」と望みをぶつけたところ、

思いもかけずに叶った料亭結婚式。

それ以来「和婚」スタイルはオンリーワンを目指す若者に人気だ。

料亭内、巨匠による掛け軸や鮮やかな床花が彩る大座敷で神前挙式、披露宴、

あるいはライトなお食事会などができる。

※料亭により、対応が異なる場合があるので、

問い合わせは各料亭へ。

※本章記事は2012〜13年の新橋花柳界(東をどり等)を通じて取材しました。

chapter 18

湯気のむこうの桃源郷

金春湯
konparuyu

銀座の旅のおわりに辿り着いた、銀座最古のお銭湯、金春湯。
屋号の由来は、寛永4年(1627年)に江戸幕府直属の金春流能役者(金春太夫)の屋敷があったことから。
昼下がりの横丁にかけられた懐かしいのれんをくぐれば、この世のうさも見栄も洗い流してくれる桃源郷が、湯気の向こうに現れた。

山東京伝作・歌川豊国画「賢愚湊銭湯新話（けんぐいりこみせんとうしんわ）」（1802）の中で、京伝は銭湯の効用を「銭湯で積み重なる身体の垢を落とすことは、“心の内の欲垢“を洗い流すこと」とし、銭湯文化を謳歌している江戸庶民にエールを送っている。

carps and kamidana

鯉と神棚

木の札の下駄箱に履物を収めて、がらがらと引き戸を開けると、昔ながらの番台に座る女将さんが出迎えてくれる。

12カ月来い、恋よ来い

浴場にはいると、正面、側面に12匹の鯉が泳いでいる。「いつでも、来い、鯉、恋よ、来い」と招いている。

うわ〜、鮮やかで生きてるみたい。

湯船にも映る立派な鯉の姿、ゆらりゆらりと楽しそう。

「錦鯉のタイル絵は九谷焼です。もう一つの湯船には、春秋花鳥が描かれていますよ」　熱い湯(小)とぬるい湯(大)に浴槽が分かれていて、長湯もできる。銀座で銭湯なんてウソみたい。ぷわ〜っ……極楽、極楽。

金春湯の守護神

番台正面に立派な神棚がある。

女将さんが番台からゆっくりと話し始めてくれた。

「神棚サイズの縦1尺2寸×横3尺6寸5分は、一年の12月・365日を表して作られているんです。大正時代製のしっかりした作りなので、地震の時もビクともしなかったですよ」御利益ありそうな神棚だね。「銀座という土地柄からか、商売繁盛、就活、婚活成就と神棚に手をあわせる方が多いですね。昭和30年(1955年)頃は新橋芸者さんや老舗のご店主、バーテンダーなどの生活浴場として、賑やかでした。まだ家庭風呂が普及していない時代だったから、一日800人の方が利用されましたよ。今は様変わりして、板前さんやOLさん。情報交換に銭湯を使っている方がいるかと思うと、銀座でひとっ風呂を味わうために、タクシーで乗り付けるお客様もいらっしゃいます」　体も心も清められる金春湯は、今や隠れた銀座のパワースポットになっているんだな。

タイル絵
金沢の絵付けタイルの老舗・鈴栄堂の九谷焼専属の絵師が描いており、タイル絵の隅に画名が記されていることも多い。代表絵師は「章仙」「春山」「陶山」。金春湯で「章仙」サインをタイルに探してみるのも一興だ。

下足錠
昔ながらの松竹錠（バネを使わない木の札）を使っています。野球やサッカーの好きな選手の背番号とか縁起のいい数字などに入れたくなります。

how to sento

銭湯のたしなみ方

ファミリーで季節風呂

手ぶらで銭湯を楽しみたい方向けには、「手ぶらセット」(タオル、シャンプー、リンス)がある。常連さんには貸しロッカーも便利だ。銀座流の入浴ルールはあるのだろうか。

「当たり前のことですが、湯船に入る前に、お湯を汲んで身体を洗ってから入りましょう(笑)。古い方達が、若い人によく注意してくれています。それから、ぬるくすると大きなお風呂に入った気がしない、という方は多いですから、うめるときには配慮しましょう」

日本の銭湯らしく季節風呂もあるんだね。　「菖蒲、柚子、ちなみに10月10日はラベンダー湯(東京都内銭湯)もやってます。季節感を味わうためにも、子どもさんやファミリーにもぜひお出かけいただきたいですね」

金春湯でゆっくり、さっぱりしたあとは、身支度をととのえて……さて、次はどんな銀座にでかけようか。

銭湯でのマナーについて、英語、中国語、韓国語などで説明したポスター。

おまけ

名物女将の恋噺　love story

番台63年

「ここは私の親のものだったので、8年銭湯修行をした主人がきてくれました。

私は、18歳の時から番台に座ってますから、かれこれ63年。

主人は何でも一流にこなす人で、助けてもらいながらやって来ました」

恋女房ぶりが伝わってくるなぁ。恋よ、来いって呪文の効き目がありそうだ。

「詩吟(しぎん)の名手でした。多くの方達を教えていましたが、

その世界で上に立つ人はいないと言われるほど。

引っ張りだこだったので、仕事との両立が大変でしたよ。

ただ詩吟以外には人前に出たがらない人でした」

銀座らしい文化人だったんだ。

風呂桶
桶は広告桶と言って、宣伝ロゴを入れますが、金春湯はケロリン桶と同じ睦和製の「モモテツ」桶です。丈夫で長持ち、銭湯マニアの間では、桶ロゴがチェックポイントだとか。

【金春湯】住所:銀座8-7-5　電話:03-3571-1715　営業時間:14:00〜22:00　定休日:日曜、祭日
入浴料:大人450円、小学生180円、未就学児80円　アクセス:東京メトロ銀座駅徒歩5分

episode 7 ／ 銀座の土地の記憶

16世紀、江戸時代を迎える少し前、現在銀座と呼ばれている場所は海に囲まれた島で、前島と呼ばれていました。それはそれは穏やかな波にぷかぷかと浮かんでいるようなその島には老月村(ろうげつむら)という小さな漁村があって、漁師たちが細々と魚を捕って生計を立てていました。
ところが、江戸幕府は、現在の神田駿河台あたりにあった神田山を削ってその土で前島の周辺の海を埋め立て、大きな職人の街を作ろうと計画します。
漁場を失った漁民たちは、生まれ変わった前島の新しい土地に上がり“銀座”の住民第1号になり、その後、銀の貨幣を鋳造する職人と両替商などの商人が集まりました。

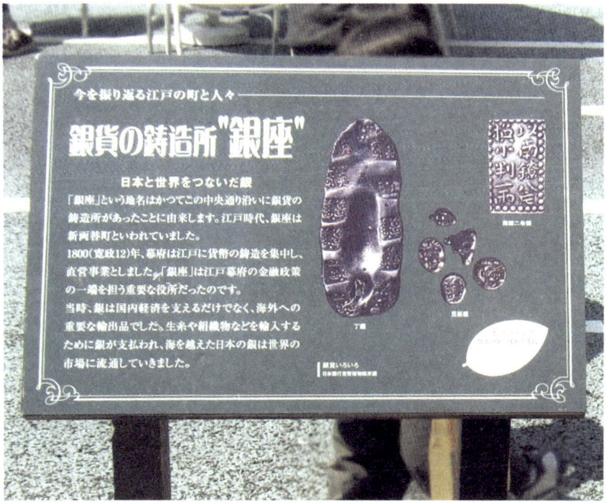

京都から呼び寄せられた銀の職人たちは、鉱石を火で加工する仕事ならではの荒々しい気質をもっていました。それと同時に、銀という鉱物やその細工物から生まれる特有の澄んだあでやかさを、土地のなかに美意識としてしみこませていきました。特におしゃれに敏感な性質をもつ銀職人たちが流行させた奇抜なファッションや新モードは、江戸庶民の定番となるほど、その影響力は大きかったといいます。

銀座の土地の記憶は「大きな環境変化」と「銀」といえるかもしれません。「変化への適応力」と「あでやかさ」の合流は、その後の銀座の有為転変に生き残るDNAとなっていきます。

銀座はこれからも先端を切って新しい時代を切り開いていくことでしょう。しかし、その原動力はこの二つのものであり続けるのではないでしょうか。

おさんぽMAP

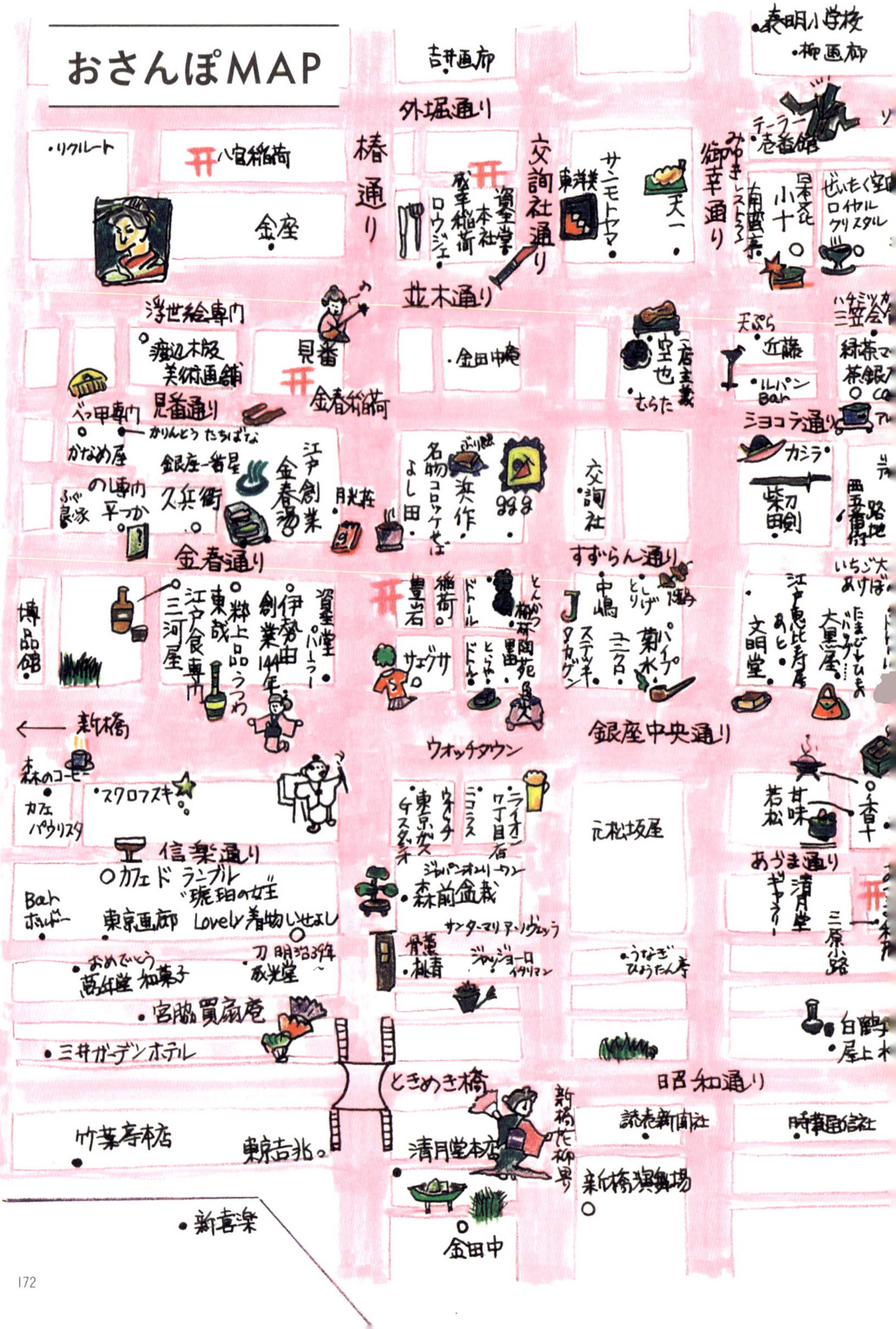

泰明小学校
柳画廊
吉井画廊
外堀通り
リクルート
八官稲荷
金座
椿通り
交詢社通り
資生堂本社
成吉稲荷
ロウジェ
東洋
サンモトヤマ
天一
みゆき通り
御幸通り
テーラー
壱番館
日本花
小十
南蛮
ぜいたく宝石
ロイヤルクリスタル
並木通り
浮世絵専門
渡辺木版美術画舗
見番
金田中庵
空也
三笠会館
天ぷら
近藤
緑茶
ルパン Bar
見番通り
金春稲荷
べっ甲専門
かりんとう たちばな
かなめ屋
銀座一番屋
江戸金春湯
創業
月光荘
名物コロッケそば
よし田
交詢社
久兵衛
平つか
金春通り
すずらん通り
ヨコテ通り
カシラ
菊田刀剣
博品館
三河屋
江戸食専門
東哉
粋上品うつわ
創業144年
伊勢由
資生堂パーラー
豊岩稲荷
ドトール
とんかつ 梅林
中嶋
とらや
サエグサ
タカゲン
ステッキ
ユニクロ
とげぬき
パイプ 菊水
江戸恵比寿屋
文明堂
大黒屋
新橋
森のコーヒー
カフェパウリスタ
スワロフスキー
ウォッチタウン
銀座中央通り
東京ガス
ニコラス
ライオン 7丁目店
元松坂屋
若松
甘味
香十
信楽通り
カフェド ランブル
琥珀の女王
Bar ボルドー
東京画廊
Lovely着物いせよし
森前盆栽
サンタ・マリア・ノヴェッラ
あづま通り
清月堂
ギャラリー
三原小路
おめでとう
萬年堂 和菓子
刀 明治35年
成光堂
桃春
うなぎ ひょうたん屋
宮脇賣扇庵
白鶴 屋上
三井ガーデンホテル
ときめき橋
昭和通り
新橋花柳界
竹葉亭本店
東京吉兆
清月堂本店
読売新聞社
時事通信社
新橋演舞場
新喜楽
金田中

↑日比谷
マリオン
有楽町
イトシア
外堀通り
晴海通り
鮨
すきやばし次郎
GAP
銀座教会
松屋通り
東映本社
プランタン
夏野箸
マロニエ通り
マロニエゲート
柳通り
桜通り
並木通り
音せんべい
創業210年
松崎煎餅
高橋洋服店
宝童稲荷
天賞堂
五十音
MADE IN GINZA
グッチ
シネスイッチ
映画館
リサイクル
牛乳パックビル
ミキモト cafe
ブラッスリー レカン
レンガ通り
キリンビア
文祥堂
ハゲ天
路地裏
民家
デビアス
オザミデヴァン
日本初
焼肉店
清香園
ガス灯通り
伝説のハヤシライス
煉瓦亭
和光
桜あんぱん
木村屋
cafe
おもてなし
本屋
真珠
ミキモト
教文館
レカン
アップルs
十字屋
シャネル
創業260年
越後屋
銀座稲荷
カルティエ
トラヤ帽子
GOLD
タナカ
POLA
HIGASHIYA
銀座中央通り
京橋
八木研
山東京伝
銀座発祥地
伊東屋
ティファニー
ブルガリ
みゆき館cafe
ネクタイ田屋
出世稲荷
三越
ルイヴィトン
松屋
龍光不動尊
スタバ
サーモン
野の花司
農業文化守る
100年
クリップ
ヨネイビル
宝石箱カフェ
アンリ・シャルパンティエ
奥野ビル
アパート
晴海通り
みかわや
レストラン
王子ホール
香十庵
朝日稲荷
もとじ 男の着物
もとじ
プラチナボーイ
銀座ハチミツ
ボタンニスト
ミタケ
宮本商行
インド料理
ナイルレストラン
昭和通り
ベーカリー
カフェ スワン
鯛茶漬
うち山
老舗そば
長寿庵
結市場
歌舞伎座
歌舞伎稲荷
和菓子
柏屋
コロッケ80年
チョウシ屋
ジョンレノン
樹の花
シチュー
銀の塔
よしや
特製どら焼き
そば
湯津上屋
晴海↓

銀座との出会いの旅はいかがでしたか？

日頃、おさんぽマイスターとして銀座をご案内している経験の中から、「憧れはあるんだけど、敷居が高くて銀座に足を踏み出せない」と思っておいでになる方にむけて、銀座の宝は、銀座ならではの一級品を作り上げた職人の思いやその価値を伝える名商人なのだ、ということをお伝えしたくてこの本を作りました。

「銀座って楽しい宝の山なんだ」と思っていただけて、「今度の休みにちょっと行ってみようか」と身近な方を誘うきっかけにしていただけましたら、これ以上の喜びはありません。そして、この本を閉じたときに「あぁ、日本ってすばらしいな、日本人でよかったな」と思っていただけましたら最高に幸せです。

取材にあたり、長い時間をかけておつきあい、ご協力下さいました18店の店主、職人マイスター、お得意様やスタッフの皆様、そして関連取材にご協力下さいましたミシュラン料亭の店主、スタッフの皆様に心より感謝いたします。

また、編集者の富田芳和氏、イラストレーターの三枝要子さん、芸術新聞社編集部の古川史郎氏、デザイナーの朴なおみさんをはじめ多くの方々から、楽しい本作りのためにお力を頂きました。ありがとうございました。

著者

岩田理栄子

東京銀座TRA3株式会社(とうきょうぎんざとらさん)代表取締役。銀座のおさんぽマイスター。老舗、新興店舗、飲食店、街空間など銀座のリソースを丸ごとステージに見立てた「おさんぽエンターテインメント」を企画・開催し、自らインカムを用いて案内役を務める。また、「銀座から日本を元気にする」山形の剪定桜を銀座で咲かせる「銀桜まつり」(200店舗参加)、有名店主をプレゼンテーターに迎えての講演会などをプロデュースし、銀座の魅力を多方面から引き出す活動を行う。

○募集プログラム案内、会員登録は、http://tra3.jp

編集	富田芳和
ブックデザイン	朴なおみ
撮影協力	刑部信人
イラスト	三枝要子　坂本朝香
写真提供	フォトライブラリー, PIXTA

銀座が先生

2014年3月28日　初版第1刷発行

著者	岩田理栄子
発行者	相澤正夫
発行所	株式会社 芸術新聞社 〒101-0051 東京都千代田区神田神保町2-2-34　千代田三信ビル 電話 03-3263-1710(編集)　03-3263-1637(販売) ホームページ　http://www.gei-shin.co.jp/
印刷・製本	シナノ印刷 株式会社

ISBN 978-4-87586-398-4 Printed in Japan